TRI GOD
Father, Son, Holy Spirit

삼위일체 하나님

소그룹을 위한 **영성 훈련** 시리즈 **7**

프라미스

Father, Son, Holy Spirit

Copyright ⓒ 2004 by Ed Young
Published by Serendipity House Publishers Nashville, Tennesse
Korean translation copyright ⓒ 2012 by Qumran Publishing House
All rights reserved.

This Korean edition is published by arrangement with KCBS, Seoul.

이 책의 한국어판 저작권은 KCBS를 통한 B&H Publishing Group과의 독점 계약으로 쿰란출판사에 있습니다. 무단 전재와 복제를 금합니다.

옮긴이 서문

어떤 사람을 아는 것과 그 사람에 대하여 아는 것은 다릅니다. 어떤 사람에 대해 아는 것은 그 사람에 대한 전체적인 이해를 바르게 하는 것이 포함됩니다. 그 사람의 성격, 취미, 좋아하고 싫어하는 것 등. 한 사람과 오랜 기간을 알아 왔다고 해도 그 사람의 내면의 속성을 이해하지 못한다면 그 사람에 대해 안다고 할 수 없지요. 우리와 하나님과의 관계에 있어서도 마찬가지입니다.

하나님을 경험하는 것은 우리 평생의 과제 이상의 문제입니다. 그것은 영원히 지속되는 탐험이라고 할 수 있습니다. 하나님께서는 자신에 대한 어떤 요소들은 신비로 간직하십니다. 그 중의 하나가 삼위일체의 신비입니다. 하나님은 우리가 경험할 수 있는 모든 것을 초월해 계시면서 그 신비의 어느 정도를 우리가 간절히 원할 때 드러내 보이십니다.

하나님의 그 신비를 우리가 결코 완벽하게 다 '풀지' 못할지라도, 그분을 점점 더 알아가고 가까이 이끌리는 중에 우리는 많은 환희와 기쁨을 경험하게 됩니다. 저자 에드 영 목사님은 각 가정의 아버지는 삼위일체의 그림자라고 할 수 있다고 말합니다. 이해를 돕기 위해 우리의 한도 내에서 이렇게 설명할 수 있겠으나 하나님에 대한 우리의 이해는 여전히 한계에 부딪힐 뿐입니다.

기독교 신앙은 어린아이에게 설명할 수도 있는 반면, 철학자들을 당황케 할 수도 있습니다. 매 권, 에드 영 목사님의 창의적인 견해에 감명을 받습니다. 이번 삼위일체를 다루는 본문에서 목사님의 한 가지 설명을 나누고자 합니다.

"하나님의 본성에 삼위가 계시지 않고 우리 인간처럼 한 존재에 한 위만 계시다면, 예수님이 십자가에서 죽으시고 무덤에 계시던 이틀 동안 하나님의 존재는 어떻게 설명할 것인가?"

하나님의 삼위일체 신비의 당위성을 보는 듯합니다.

2011년 12월 15일
옮긴이 김인희

이 책을 유용하게 사용하는 법

소그룹은 세계의 다른 많은 교회와 마찬가지로 펠로우십 교회(Fellowship Church)에서도 대단히 중요하다. 소그룹 운용 방법에 대해서는 많은 이론들이 있고 또 그 방법들이 다 훌륭하다. 이제 당신이 막 손에 든 이 책은 소그룹 운용에 대한 한 가지 모델을 제시하고 있다. 잠시 시간을 내어 읽고 필요한 대로 자유롭게 사용하기 바란다.

소그룹은 매번 모일 때마다 세 단계로 그 일정을 진행하게 된다. 교제(social time), 토의(discussion time), 그리고 기도 시간(prayer time)이다. 이 세 단계는 다 중요하지만 그렇다고 시간 배정을 똑같이 할 필요는 없다. 이 책을 최대한 효율적으로 활용하도록 각 부분마다 설명을 첨가하였다.

1) 소그룹 모임의 첫 번째 단계는 교제이다. 시간 배정은 전체 시간의 30%로 한다. 모임을 주최하는 사람은 집에 사람들이 도착할 때마다 반갑게 맞이한다. 각자 자기를 소개하고 참석자들에게 진심으로 관심을 보임으로써 모임에 참석한 사람들이 자신이 환영 받는다는 기분 좋은 경험을 하게 된다. 간식을 조금 나누거나 식사를 같이 할 수도 있다. 그런 다음 두 번째 단계인 공부(lesson)로 들어간다.

2) 이 공부 시간에는 전체 시간의 50%를 할애한다. 참석자 모두 토론에 참여하도록 시작 때의 딱딱한 분위기를 부드럽게 하는 짧은 '아이스브레이크 시간(ice breaker)'을 가질 수도 있다. 각과의 '들어가기(Start it up)' 부분에 있는 질문들은 모두가 참여할 수 있는 부

담 없는 수준으로 영적 성숙도나 성경 지식과는 상관이 없다. '펼치기(Talk it up)'에서는 제 시간 내에 마치는 것이 질문을 빠뜨리지 않고 다 하는 것보다 중요하다. 세 번째 '올려드리기(Lift it up)'를 충분히 다루기 위해 펼치기에서는 몇몇 질문들을 생략해도 좋다.

  3) 모든 소그룹에서 이 '올려드리기(Lift it up)'는 대단히 중요하며 전체 시간의 20%가 되도록 배정한다. 하나님이 자신의 삶에 어떻게 역사하고 계신지 멤버들과 나누고 특별한 기도 제목을 부탁할 수도 있다. 이 단계에 집중할 수 있도록 각과의 맨 마지막에 한두 가지 질문을 실었는데 함께 나눈 토픽을 바탕으로 즉석에서 떠오른 기도제목을 내놓을 수도 있다. 기도 제목을 써 놓을 여백도 마련했다. 이렇게 써 놓으면 내 차례가 되었을 때 잊어버리지 않고 분명하게 전달할 수 있어서 좋다. 그 다음엔 그룹 멤버들의 기도 요청을 적을 수 있게 했다. 이렇게 적어 두고 사람들의 기도 제목을 하나하나 기억하면서 일주일 내내 기도하는 것이다.

  영성 개발 여정의 보조자료로 2과에서 6과까지 각과에 들어가기 전, 10개의 짧은 '묵상(devotionals)'을 실었다. 10개의 묵상은 2주에 한 번씩 만나는 그룹이 사용할 수 있게 했는데 한 주에 5일 분씩, 2주를 사용할 수 있다. 이 묵상들은 매일매일 하나님과 함께하는 큐티 시간(Quiet Time)에 사용해도 좋다. 하루 5~10분씩 시간을 내어 묵상을 읽고 그날의 삶에 적용함으로써 이 책을 최대한 활용하기를 바란다.

  하나님의 은혜를 빌며,
  에드 영

삼위를 가지신 하나님

　28년 전, 한 단어가 내 인생을 바꾸어 놓았다. 리사(Lisa)라는 소녀를 만났을 때 '사랑'이 인간관계상의 한 어휘로 내 인생에 들어온 것이다. 사람들이 사랑이라고 부르는 것 속에 들어 있는 모든 것을 다 알지는 못했지만, 이 단어가 내 감정을 표현하는, 내가 알고 있는 최고의 것임을 천명했다. 2년 동안 데이트를 한 후, 나는 내 눈을 똑바로 그녀에게 고정하고 고등학생의 감미로운 심정으로 말했다. "당신을 사랑합니다."
　리사와 결혼을 하고 인생을 함께하며 네 자녀를 키우면서 그녀에 대한 나의 사랑은 계속 자라 나날이 강해지고 있다. 그러나 20년이 넘는 결혼생활을 해왔음에도 불구하고 사랑이라는 이름의 백화점에 이르려면 아직도 긴 여정이 남아 있음을 안다. 내가 리사를 더 깊이 사랑하려면 그녀를 더 깊이 이해해야 한다. 이것이 사랑이라고 하는 단어의 속성이다.

　단어 하나가 엄청난 힘을 가져올 수 있다는 것, 여기엔 의심의 여지가 없다. 앞으로 몇 주 동안 우리가 공부하게 될 바로 그 단어처럼 말이다. 이 특별한 단어는 수백 년에 걸쳐 서로 다른 견해에 따라 사람들을 나뉘게 했다. 실제로 이것은 기독교 신앙을 평가하는 기준, 기독교 신앙을 가늠하는 척도가 된다. 하나님은 누구인가? 나는 누구인가? 왜 나는 관계를 열망하는가? 어떻게 내가 조물주 하나님께 연결될 수 있을까? 내 배우자와 자녀들에 대하여 어떻게 더 친밀한 관계를 경험할 수 있을까? 우리의 자존심과 시기심이 일으키는 문제들의 답은 무엇인가? 왜 이렇게 일체를 갈구할까? 왜 다원성을 찾으며 왜 다름을 인정할까? 수 세기 동안 사람들은 이런 질문을 해 왔다.

이런 질문들에 대한 대답, 아니 그 이상의 대답들을 한 단어에서 찾게 된다. 삼위일체. 셋이 하나 안에……하나 안에 셋이. 성부, 성자, 그리고 성령. 삼위일체 하나님(Tri-God)에 대한 공부는 기독교 신앙의 중심 사상 중 하나를 더 깊이 이해하고, 이로 인해 우리가 믿는 하나님에 대해서도 더 잘 이해하도록 도와준다.

아내를 정말 사랑하기 위해서, 나는 리사를 그녀의 입장에서 알아야 한다. 그녀가 무엇을 좋아하고 무엇을 싫어하며 그녀가 가장 사랑을 느끼는 것이 무엇인지 등을 알기 위해 시간을 투자해야 한다. 이와 비슷하지만 더 심오하게, 우리가 정말 하나님을 사랑하기 위해서는 하나님의 입장에서 하나님을 알아야 한다. 이 말은 그분이 우리에게 당신을 나타내시는 방법을 알아야 한다는 뜻이다. 하나로 일체를 이루고 있지만 성부, 성자, 성령으로 구분되시는 하나님. 하나님의 본성과 본질을 공부해 갈수록 이 공부가 당신의 삶을 영원히 바꾸어 놓을 줄 믿는다. 그러므로 이 절대적인 단어, 삼위일체의 능력을 경험할 준비를 하자!

에드 영

목 차

옮긴이 서문 ··· • 3
이 책을 유용하게 사용하는 법 ·· • 5
삼위를 가지신 하나님 ·· • 7

제1과. 삼위일체의 진실 ·· • 11
    성 삼위일체의 개념 이해
    묵상. 제2과 들어가기 전에 ·· • 22

제2과. 삼위일체의 보배로움 ··· • 33
    삼위일체의 가치 발견
    묵상. 제3과 들어가기 전에 ·· • 43

제3과. 삼위일체의 신비 ··· • 53
    성 삼위일체의 코드 해독
    묵상. 제4과 들어가기 전에 ·· • 62

제4과. 삼위일체 하나님이 하시는 일 ······························ • 75
    삼위 하나님의 역할 발견
    묵상. 제5과 들어가기 전에 ·· • 86

제5과. 삼위일체 하나님의 영원하신 사랑 ························ • 97
    하나님을 정의하는 말, 사랑을 내 가슴에
    묵상. 제6과 들어가기 전에 ·· • 106

제6과. 삼위일체 하나님 투영 ·· • 119
    하나님의 형상

지도자 가이드 ·· • 130

삼위일체의 진실
성 삼위일체의 개념 이해

요한복음 1:1-3; 신명기 6:4; 이사야 55:8-9   **제1과**

"나는 대통령을 압니다. 그의 집을 방문했고, 그의 책도 읽었습니다. 그와 악수를 한 적도 있습니다." 누가 이렇게 말할지도 모르나 우리는 이런 말에 감동하지는 않는다. 누구에 대하여 안다는 것과 그 사람을 안다는 것과는 다르다. 이와 마찬가지로, 하나님도 우리가 그저 하나님에 대하여 아는 것 이상이 될 수 있다. 우리는 하나님을 알 수 있다. 하나님은 성경을 통해 우리에게 말씀하시고 우리는 예배와 기도를 통해 하나님께 말한다. 사실은 하나님이 우리와 말로 할 수 없는 심오한 방법으로 교통하심으로 우리는 그분과의 관계에서 자랄 수 있다.

어떤 사람을 안다는 것은, 또한 그 사람에 대하여 우리가 알 수 있는 모든 것을 안다는 의미도 된다. 친구나 사랑하는 사람이 이렇게 말하는 것을 상상해 보라. "난 더 이상 당신에 대해 알고 싶지 않습니다." 상호간에 알아가는 것이 멈춘 관계라면 거기엔 뭔가 크게 잘못된 것이 있다. 이것이 삼위일체에 관한 공부가 왜 중요한지 그 이유이다. 무엇보다 삼위일체 안에 있는 관계는 하나님께서 우리가 하나님과, 또 다른 사람들과 가지기 원하시는 관계에 대한 그림을 보여 준다.

• 들어가기 Start It Up

모든 사람은 관계를 가지고 있다. 어떤 것은 형식적인 반면 어떤 것은 인생을 영원히 바꾸어 놓기도 한다. 아주 로맨틱한 관계나 절친한 우정이 막 시작되었던 때를 되돌아보자.

1. 당신의 친구나 연인이 어떤 맛의 아이스크림을 좋아하는지 알게 되기까지 얼마나 오래 걸렸습니까? 애완견의 이름은 어떻습니까? 연인이나 친구의 부모님을 뵙게 되기까지는 얼마나 걸렸습니까?

---

2. 이 관계에서, 서로 얘기를 많이 나눈 것은 친한 관계가 된 초기입니까, 후기입니까?

• 펼치기 Talk It Up

하나님을 경험하는 것은 우리에겐 평생의 과제 이상의 문제다. 하나님을 경험하는 것은 영원히 지속되는 탐험이다. 하나님은 우리가 경험할 수 있는 모든 것을 초월해 계신다. 하나님은 신비이며 어느 정도의 그 신비를 우리가 간절히 알고자 할 때 드러내신다.

새로 만나 새로운 관계를 가지게 된 상대가 신비스러운 것과 마찬가지로, 우리는 하나님에 대하여 배울 것이 많이 있다. 하나님의 그 신비를 우리가 결코 완벽하게 '풀지' 못할지라도, 그분을 점점 더 알아가고 가까이 이끌리는 중에 우리는 많은 환희와 기쁨을 경험하게 된다.

요한복음 1:1-3, 14

1과를 공부하는 동안 삼위일체에 대하여 정의하는 3개의 진리를 탐구할 것이다.

> 진실 1 : 하나님은 삼위이시다.
> 진실 2 : 각각의 위는 완전한 하나님이시다.
> 진실 3 : 삼위는 한 하나님이시다.

혹자는 이렇게 말할 것이다. "이 논리는 모순이다! 하나님은 삼위이다. 오케이. 각각의 위는 완전한 하나님이다. 오케이. 그리고 한 분의 하나님이 계시다. 여기에 모순이 있다!"

아니, 모순이 아니다. 모순은 "거기 한 하나님이 계시다. 그리고 거기 한 하나님이 안 계시다"라는 논리가 모순이다. 두 개가 논리적으로 공존할 수 없는 것, 이것이 모순이다. 삼위일체는 하나님의 신비이다. 이 신비는 너무도 광대하고 광범위하며 너무도 무한하여 우리 마음에 이 전부를 다 도무지 다운로드 할 수가 없다. 이 점이 얼마나 크고 놀라운 하나님인가 하는 점이다.

3. 처음에 도저히 이해가 불가능해 보였던 것을 이해하려고 애썼던 적이 있습니까? 당신의 경험을 얘기해 보십시오.

삼위일체의 진실 1 : 하나님은 삼위이시다

요한복음 1장 14절은 요한복음 1장 1절의 이해를 도와준다. 이제 처음으로 성경을 읽는 사람이라면 요한복음 1장 1절을 읽고 "말씀? 누가 말씀이라는 말인가?"라고 할 수 있다. 처음엔 모호해 보일지라도 14절에 와서 그 의미가 분명해진다. 그 말씀은 신성이지만 '육신'이 되셨다. 이 설명과 요한복음 1장의 나머지 부분이 예수님을 가리키고 있음이 분명하다. 예수님이 그 말씀이시다.

요한은 예수님을 말씀이라고 일컬음으로 성경을 읽는 로마인과 유대인들에게 말하고자 하는 뜻을 분명히 했다. 그리스인과 로마인에게 있어 '말씀'(Word)은 우주를 체계화하는 원리였다. 유대인에게 있어 말씀은 우주를 만든, 하나님이 발하신 말씀과 그 지혜를 의미했다. 요한은 예수님이 이 두 가지이심을, 우주를 만든 체계화된 원리와 지혜이심을 밝히고 있다. 그다음 요한복음 1장 1절은 예수님이 태초부터 계셨고, 하나님과 함께 계셨으며 예수님은 곧 하나님이심을 말한다.

예수님이 '하나님과 함께 계셨음'에 주목하라. 다른 말로 하면 예수님은 존재하셨는데 하나님과 분리되어 존재하셨다는 말이다. 만약 요한이 이 1절 말씀에 성령을 가져왔다면 이렇게 말했을 것이다. "예수와 성령이 하나님과 함께 계셨느니라." 삼위일체의 첫 번째 진실은 삼위의 개별성(separateness)이다. 성경은 이 점을 분명히 밝히고 있다. 성부, 성자, 성령은 셋이 하나를 이루는 삼위일체의 세 격이다. 성부 하나님, 성자 하나님, 성령 하나님. 하지만 성부는 성자가 아니며, 성자는 성령이 아니고, 성령은 성부가 아니다.

4. 이 개별성과 하나 됨(oneness)의 결합은 우리 인간관계에서도 나타납니다. 당신은 결혼한 부부를 각각으로 봅니까, 아니면 한 개체로 봅니까? 어떤 점에서 그들이 하나이며 또 어떤 점에서 유일무이한 각자의 존재로 보입니까?

삼위일체의 진실 2 : 각각의 위는 완전한 하나님이시다

요한복음 1장 1절에서 예수님이 하나님과 별개로 존재하셨다고 말하고 있으나 거기엔 하나님을 정의하는 그분만의 독특하면서도 신비한 그 이상이 있다. 태초에 예수님이 하나님과 함께 계셨다. 창세기 1장은 이와 비슷한 말로 시작한다. "태초에 하나님이 천지를 창조하시니라." 예수님이 거기에 계셨다. 우리는 "조(Joe)가 기도 속에서 하나님과 함께 있었다"라고 할 수는 있어도 "조(Joe)가 태초에 하나님과 함께 있었다"라고는 할 수 없다.

하지만 요한복음 1장 1절은 예수님에 대하여 그 이상을 말하고 있다. 예수님은 하나님과 함께 계셨고 예수님은 하나님이셨다. 예수님은 하나님과 따로 존재하셨을 뿐 아니라 하나님과 동등이셨다. 예수님은 하나님이시다.

요한복음 1장 14절은 예수님의 거룩한 속성에 대하여 더 나아간다. 예수께서 "육신이 되어 우리 가운데 거하시매." 다른 말로 하면 예수님이 한 차례 육신이 되셨던 것이 아니다. 예수님이 한 차례 사람이 되셨던 것이 아니라는 말이다. 누가가 말하듯이, 성령이 마리아를 덮으셨을 때, 예수님은 인간이 되셨다(눅 1:35). 성부의 뜻에 의해 성령은 성자가 마리아의 몸 속에서 인간이 되게 하셨다.

성부로부터, 성령으로부터 별개인 완전한 한 위로 존재하시지만 예수님은 완전한 하나님이셨다. 그는 하나님과 함께 계시는 데 그친 것이 아니다. 하나님을 닮으신 것에 그친 것이 아니다. 그는 바로 하나님이시다.

5. 성경 속에서 예수님이 곧 하나님이심을 나타내는 다른 표현들로는 어떤 것이 있습니까?

삼위일체의 진실 3 : 삼위는 한 하나님이시다

요한은 이스라엘 갈릴리 지방 출신 유대인이었다. 누가복음 4장 16절에서 예수님이 하시는 것을 보듯이, 요한은 정기적으로 회당에 참석했다. 신명기 6장 4절에 나오는 쉐마(Shema)라고 하는 신앙고백의 중심이 되는 고백서를 매주 회당에서 듣고 그 자신도 아마 매일 그 기도문을 따라 기도했을 것이다.

쉐마는 말한다. "이스라엘아 들으라 우리 하나님 여호와는 오직 유일한 한 분 여호와시니."

요한은 당시의 로마인들처럼 여러 신을 믿었던 것이 아니다. 오직 한 분의 하나님, 하늘과 땅을 만드신 그 하나님을 믿었다. 현대의 힌두교 같은 다신론자들이 예수는 하나님이라고 말할 때, 그것은 일신론자들이 말하는 특별한 신을 의미하는 것이 아니다. 요한이 그 말씀이 곧 하나님이었다고 한 표기는 예수님이 두 번째 가는 신이 아니라는 의미이다.

6. 돌아가면서 삼위일체의 진실에 대한 이해를 서로 나누십시오. 그런 다음 삼위일체의 어떤 요소든지 당신이 '머리를 싸매고' 고심하는 부분을 말해 보십시오. 하나님에 대하여 이해하기 어려운 다른 개념이 있다면 무엇입니까?

Tri God Father, Son, Holy Spirit

하나님의 삼위일체에 대하여 생각할 때, 우리는 인간의 한계를 알아야 한다. 우리는 제한된 인간이다. 우리는 피조물이고 하나님은 창조자이시다. 우리는 모든 걸 다 깨달아 알지 못한다. 하나님의 신비 앞에서 우리는 우리의 자존심, 우리의 자아를 점검해 보아야 한다. 이것을 이해하는 것은 우리의 지성이 아니다. 하나님은 사고하는 인간을 원하신다.

우리는 무엇에 의해 제한되는가? 우리는 인간의 속성에 의해 제한된다. 우리는 사람이다. 우리는 삼위일체를 완전하게 이해하지 못한다. 천국에 간다 해도, 거기서도 신비가 하나님을 둘러싸고 있을 것이다. 하지만 그렇다고 "음, 아무리 해도 모르겠는 걸⋯⋯. 그냥 애쓰지 말자. 내가 알 수 없는 데까지 알려고 애쓰지 말자"고 해서는 안 된다. 이것은 우리 자신이 변화에 대해 부족한 부분이다. 우리는 알아야 한다. 왜냐하면 하나님을 더 많이 알수록 그분과 더 친밀해지기 때문이다.

이사야 55장 8-9절에서 "내 생각은 너희의 생각과 다르며 내 길은 너희의 길과 다름이니라⋯⋯ 하늘이 땅보다 높음같이 내 길은 너희의 길보다 높으며 내 생각은 너희의 생각보다 높음이니라"고 말씀했다. 하나님은 인간보다 더 크기만 한 하나님이 아니시다. 그분은 우리의 지식, 우리의 경험의 한계를 완전히 초월해 계신다. 그러나 하나님을 추구하는 자에게는 그 자신을 드러내신다. 예수님도 그렇다. 예수님이 단지 인간보다 더 크고 더 나은 것이 아니다. 예수님은 바로 하나님 그분이시다.

7. 어떤 점에서 하나님에 대한 당신의 견해가 너무도 제한적이었습니까? 이사야서의 이 구절이 당신의 견해를 어떻게 확장시켜 줍니까?

---

8. 최근 당신의 한계를 상기시켜 준 경험을 했습니까? 이런 한계들이 어떻게 당신이 하나님이 아니라는 것을 가르쳐 줍니까?

---

9. 우리의 한계에도 불구하고 우리가 어떻게 하나님을 알 수 있습니까? 구체적으로 말해 보십시오.

삼위이면서 한 분이신 하나님을 알아가는 것은 우리 속에서 열정이 일어나게 만든다. 하나님의 위대하심과 신비는 우리로 하여금 그분을 더 알고 싶어지게 한다. 남자가 신비스러워 보이면 여자는 그를 더 알려고 한다. 여자가 묘하게 복잡하면, 남자는 그것을 알아가는 과정에서 기쁨을 느낀다.

10. 하나님을 꾸준히 더 알려고 하는 것에서 당신을 막는 것은 무엇입니까?

---

11. 당신이 하나님에 대한 지식을 일상적으로 추구하고 그분과의 관계를 유지해 나가도록 고무해 주는 것은 무엇입니까?

하나님에 대한 깊은 지식 가운데 자라가도록 서로를 격려하고 함께 기도하는 시간을 갖는다. 하나님에 대한 지식을 구하는 기도는 하나님을 개인적으로 더 가깝게 알도록 인도할 것이다. 하나님의 신비를 추구하는 데 있어서 일관성과 효율성과 열정을 구하라.

나의 기도 요청

그룹의 기도 요청

다른 신은 없다

신명기 4:35

이것을 네게 나타내심은 여호와는 하나님이시요 그 외에는 다른 신이 없음을 네게 알게 하려 하심이니라

인생에 대한 올바른 시각을 가지게 되는 것은 사람에 따라 다르다. 아픈 경험을 통해서, 또는 깊은 탐구나 영적 성장을 통해서, 또는 정신적인 영감이나 신뢰하는 친구의 말을 통해서 얻기도 한다. 하나님은 우리의 상상을 절대적으로 초월하는 존재이시다. 하나님과 비교될 수 있는 존재는 없다.

오직 한 하나님만이 있을 뿐이라는 사실을 절실히 체득한 순간이 있는가? 평소 그다지 중요해 보이지 않던 일들에서 하나님의 광대하심에 문자 그대로 압도된 적이 있는가? 하나님에 대한 앎이 증가한다는 것은 우리 삶에서 작은 '신'이 될 수 있는 일들, 말하자면 걱정, 물질적인 안정, 혹은 성공에의 욕구 등이 차지하는 중요성이 감소된다는 것을 뜻한다.

구체적으로 당신의 삶에서 작은 신들의 목록을 만들어 보십시오(예를 들어 '돈'이라고 하지 말고 '멋진 식당에서의 외식을 위하여 필요한 돈'이라고 적어 보십시오). 하나님께 하나님을 실제로 느끼는 살아 있는 경험을 하도록 구하고, 올바른 시각으로 당신의 우선순위가 유지되도록 구하십시오.

Day 2

믿을 만한 분을 신뢰함

시편 9:10

여호와여 주의 이름을 아는 자는 주를 의지하오리니 이는 주를 찾는 자들을 버리지 아니하심이니이다

어떤 사람들은 알면 알수록 신뢰감이 떨어진다. 많은 사람들이 인격적인 결함, 그들만의 숨겨놓은 비망록, 이기적인 동기 같은 결점의 지뢰밭들을 가지고 있다. 하나님만이 우리가 온전히 신뢰할 수 있는 분이시다. 하나님은 결코 우리를 실망시키지 않으신다.

정말, 삼위일체 하나님을 우리가 알면 알수록, 그분을 의지할 수밖에 없음을 깨닫게 된다. 하나님의 동기는 순수한 사랑이다. 아무 부대 조건이 없고 아무 비밀스런 계획도 없다. 오직 하나님 당신을 신뢰하는 자들에게 그분은 참으로 신실하시다.

사람들이 일부러 친절을 베풀고 도움을 주는 이면에 숨어 있는 잘못된 동기들을 적어 보십시오(예를 들어 '사업상의 유익을 위하여' 라든지). 바로 지금 당신이 얼마나 하나님을 의지하는지 보여달라고 구하십시오. 하나님에 대한 당신의 그 신뢰가 자라갈 것을 목표로 하십시오.

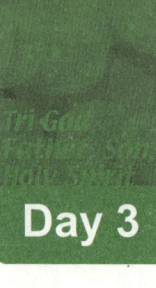

Day 3

나의 동기는 무엇인가?

예레미야 2:8

제사장들은 여호와께서 어디 계시냐 말하지 아니하였으며 율법을 다루는 자들은 나를 알지 못하며 관리들도 나에게 반역하며 선지자들은 바알의 이름으로 예언하고 무익한 것들을 따랐느니라

    이스라엘의 제사장 중에는 그들의 직무를 하는 시늉만 냈던 사람들이 있었다. 그들이 하나님의 지성소를 성심껏 돌보았을지는 모르나 다만 제단에 향을 피우고 희생제를 드리고, 하나님을 진정으로 알지 못하면서 그 율법을 가르치기까지 했다.

    종교 행위가 순수한 영성의 표시는 아니다. 진정으로 하나님을 영화롭게 하는 지성이 없는 예배나 경배를 하나님은 인정하지 않으신다. 하나님은 자신을 성경과 예수님을 통해 나타내 보이셨다. 그분을 아는 것이 우리를 진정한 예배로 인도하며 사랑의 참 행위로 인도한다. 하나님을 아는 것은 중요한 일이다. 그 지식이 우리의 행동을 일으키는 배후의 핵심이 되어야 한다.

자신이 하나님을 예배했던 때나 어떤 한 개인에게 의무나 책임을 다했던 때를 돌아 보십시오. 그리고 그 동기를 간단히 써보십시오. 순수한 마음과 정성으로 하나님을 섬기도록 인도해 주시기를 기도합시다.

Day 4

그는 어디서 왔는가?

요한복음 7:27

그러나 우리는 이 사람이 어디서 왔는지 아노라 그리스도께서 오실 때에는 어디서 오시는지 아는 자가 없으리라 하는지라

    기독교 신앙이 믿지 않는 사람들에게 그렇게 잘 이해되는 것은 아니다. 오히려 그들은 이상하게 여긴다. 어떻게 크리스천들이 그들의 믿음을 특별한 한 사람에게, 죄를 없이한다고 하는 한 사람 위에 세울 수 있단 말인가. 그들은 묻는다. "어떻게 한 사람이 죄를 다 제거할 수 있단 말입니까?"

    예수님 당시에도 사람들은 똑같은 생각을 했다. 예수님은 별볼일 없는 나사렛이라는 마을에서 태어나셨다. 어떻게 그가 메시아가 될 수 있단 말인가? 그의 출신은 초자연적으로 보이기엔 역부족이다. 예수님은 이런 질문들에 대해 자신은 아버지에 의해 보냄을 받았다고 대답하셨다.

    그의 기원은 이 세상이 아니다. 예수님이 어디서 왔는지 아는 것, 그는 하나님이시요, 사람이 된 성자 하나님이시라는 것을 아는 것은 그야말로 모든 것을 바꾸어 놓아 버린다. 삼위일체의 진실을 알 때, 예수님의 기원이 하나님과 함께한 영원으로부터 시작된다는 것은 물론, 기독교 신앙을 보다 더 잘 이해하게 된다.

기독교 신앙에 대해 거의 모르는 두세 사람을 적어 보십시오. 하나님이 당신에게 지혜와 담대함을 주셔서 예수님이 어디서 왔으며 진실로 누구인지 그들의 이해를 도울 수 있도록 기도하십시오.

보이는 장면의 배후

요한복음 14:17

그는 진리의 영이라 세상은 능히 그를 받지 못하나니 이는 그를 보지도 못하고 알지도 못함이라 그러나 너희는 그를 아나니 그는 너희와 함께 거하심이요 또 너희 속에 계시겠음이라

우리는 성부 하나님이 세상을 창조하신 것을 안다. 성자 그리스도 예수가 우리 죄를 위한 대속물로 죽으신 것을 안다. 그런데 성령에 대해선 어떤가?

성령은 삼위의 세 멤버 중에서 가장 적게 논의된다. 하지만 그는 신위의 존재로서 우리와 가장 가깝게 상호 교통하시는 분이다. 만일 당신이 그리스도를 따르는 자라면 그리고 성령의 역사하심에 대해 체험하고자 한다면, 성령님이 당신의 삶에 개입하시는 증거가 있다. 성령님은 하나님의 일에 대해 당신의 마음을 이상하리만치 따뜻하게 만든다. 당신이 죄 가운데 길을 헤매면, 성령님은 그 배후에서 당신에게 경고하신다. 날마다 당신의 믿음을 강하게 붙드시는 분이 바로 성령님이시다.

하나님의 능력을 경험하기 원한다면 당신의 삶 속에 성령님의 역사를 기대하여 보라. 성령님은 개인적으로, 실제적으로 역사하신다.

갈라디아서 5장 22-23절을 읽고 당신의 삶에 성령님의 개입을 비춰 보십시오. 성령께서 당신의 마음을 슬쩍 건드리시거나, 당신의 말과 행동을 인도하셨던 순간의 느낌을 말해 보십시오. 성령님을 보내 주심을 감사하고 성령님의 인도하심에 대해 더 민감해지도록 구하십시오.

생명의 삶에 대한 사랑

빌립보서 3:10

내가 그리스도와 그 부활의 권능과 그 고난에 참여함을 알고자 하여 그의 죽으심을 본받아

바울은 모든 것을 가졌었다. 학력, 촉망받는 경력, 유대교 내의 높은 종교적 지위, 그리고 뛰어난 능력 등. 그러나 그가 예수 그리스도를 발견한 후, 이 모든 것들은 그에게 가장 가치 있는 한 가지 일, 즉 그리스도를 아는 것의 광채 앞에서 빛을 잃었다.

'그리스도 알기'는 지루한 학과 수업의 한 코스가 아니다. 대신 우리의 생명의 삶에 대한 사랑이 눈을 뜨는 기쁨으로 설명할 수 있다. 우리가 사랑에 빠지면 일자리로 돌아가는 것, 또는 진급 같은 것에 얽매이지 않게 된다. 정말 우리가 헌신하는 그 대상 외에는 아무 것도 생각할 수 없게 된다.

고등학교 시절, 대학 시절, 그리고 당신의 사회적 경력에서 무엇이, 또 어떤 성취가 가장 중요했습니까? 하나님이 이런 고지에서 승리의 나팔을 부신다는 것을 어떻게 알게 되는지 설명해 보십시오.

Day 7

영원한 생명의 본질

요한복음 17:3

영생은 곧 유일하신 참 하나님과 그가 보내신 자 예수 그리스도를 아는 것이니이다

영생을 얻기 위하여 삼위일체의 복잡 미묘함을 꼭 이해해야 한다는 것은 아니다. 하지만 당신이 꼭 해야 할 일이 있는데 그것은 하나님과의 개인적인 관계를 가지는 일이다. 이것이 하나님을 진정으로 아는 것이다. 그리스도를 따르는 자가 되면 당신은 성경의 가르침, 즉 하나님의 구원과 사랑, 그리고 인간들에게 자신을 드러내시는 이 가르침들을 받아들이게 된다. 삼위일체에 대하여 배우면 하나님이 누구신지, 하나님이 어떻게 일을 해 나가시는지에 대한 이해를 높인다.

성부 하나님은 죄에서 우리를 구원하기로 하셨다. 성자 하나님은 우리를 사랑하셔서 자신의 생명을 주기로 하셨다. 성령 하나님은 우리의 삶 속에 계속 역사하시면서 하나님이 누구신지를 보여 주신다. 하나님은 당신에 대한 모든 것을 알고 계신다. 하나님께서는 당신이 단지 그분에 대한 지식이 느는 것이 아니라, 그분을 점점 더 알아가기를 원하신다.

하나님의 특성과 하나님의 방식에 대하여 아는 대로 써보십시오. 당신은 그분의 어떤 점을 가장 사랑합니까? 그분의 어떤 점이 가장 흥미롭습니까? 오늘 그분이 나의 하나님 되심을 감사합시다.

그리스도를 진정으로 아는 것은 그를 따르는 것이다

요한1서 2:4

그를 아노라 하고 그의 계명을 지키지 아니하는 자는 거짓말하는 자요 진리가 그 속에 있지 아니하되

하나님에 대한 지식이 많아진다는 것은 이 우주와 우리의 심장을 만드신 창조주 하나님에 대한 지식이 성장한다는 것이다. 하나님의 존재는 우리가 망원경을 가지고 천체를 관측하듯이 할 수 있는 분이 아니다. 하나님은 학문적으로 연구할 수 있는 철학적 개념도 아니다. 하나님은 통치자이시다. 그를 안다는 것은 곧 그를 따르는 것이다.

하나님의 길, 하나님께 대한 복종을 모르면서 하나님을 따르지는 못한다. 성령님은 성부 하나님을 따르도록 우리에게 동기를 부여하며 성경 말씀대로 따르도록 끊임없이 우리를 격려하신다. 성자 하나님은 우리를 대신해 죽으셨으므로 우리가 성부 하나님 앞에 잘못을 저질렀을 때 중재하심으로써 우리는 정죄받지 않는다.

당신이 하나님을 안다면, 그분의 길이 최고임을 알 것이다. 예수님이 십자가 상에서 이루신 희생을 감사하고 성령님의 인도하심을 마음속 깊이 새기면서 하나님이 명하신 대로 순종하도록 언제나 최선을 다해야 할 것이다.

성경 속에서 당신을 도전하는 세 개의 명령을 찾아 적어 보십시오. 성부, 성자, 성령이 어떻게 이들 명령을 지키도록 당신을 돕는지 생각해 보십시오. 이 분야에서 하나님의 도우심과 능력을 구하십시오.

생명의 하나님, 아들을 사랑하시다

요한1서 5:20

또 아는 것은 하나님의 아들이 이르러 우리에게 지각을 주사 우리로 참된 자를 알게 하신 것과 또한 우리가 참된 자 곧 그의 아들 예수 그리스도 안에 있는 것이니 그는 참 하나님이시요 영생이시라

하나님이 인간이 되시지 않았다면 우리는 하나님을 몰랐을 뿐 아니라 우리가 할 일도 몰랐을 것이다. 그러나 인간이 되신 하나님, 예수로 이 땅에 오셨으므로 우리는 매일매일 삶 속에 역사하시는 하나님을 본다. 마치 인간들 중의 한 사람인 것처럼 우리와 상호 교통하시는 하나님을 본다.

성경은 예수님의 생애를 한 폭의 그림으로 그려서 우리에게 보여 준다. 하나님의 성품을 완벽하게 그려서 그분의 창조물인 우리와 어떻게 비슷하고 어떻게 다른지 조명해 준다. 예수님의 생애와 사역을 읽어가면서 우리는 하나님에 대하여 또 그분의 인간에 대한 믿어지지 않는 사랑에 대하여 더 알게 된다. 아들, 성자 하나님을 공부하면서 성부 하나님에 대하여 더 잘 이해하게 될 것이다.

예수님에 대해 잘 알려진 이야기를 떠올려 봅시다. 당신이 가장 좋아하는 이야기를 짧게 간추려 보십시오. 이 이야기가 하나님의 성품에 대하여 무엇을 말해 줍니까? 삼위일체를 더욱 깊은 수준에서 이해할 수 있도록 하나님의 도우심을 구하십시오.

바보 같아 보이는 진실

고린도전서 1:21

하나님의 지혜에 있어서는 이 세상이 자기 지혜로 하나님을 알지 못하므로 하나님께서 전도의 미련한 것으로 믿는 자들을 구원하시기를 기뻐하셨도다

때때로 하나님에 대한 진실은 철학자들이 상상할 만한 것이 못 된다. 신이 인간이 되어 죽었다? 말도 안 되는 소리!

세상에는 수많은 지식들이 쏟아진다. 서로 권위를 내세우면서 서로 다른 '진실'을 끊임없이 발표한다. 추측, 의견, 관찰, 혹은 과학적 연구에 근거해서. 그렇게 어려워야 할 필요도 없는 사실들을 말이다.

그러나 구원의 메시지와 함께 시작하는 하나님의 지식은 우리가 신뢰하기에 합당하다. 성경의 모든 말씀은 확고 부동한 사실이다. 성경을 진실이라고 그냥 받아들이는 것이 어떤 사람에겐 바보 같아 보일지 모르지만 우리는 지금 신뢰할 것이 거의 하나도 없는 세상에 살고 있음을 기억하라. 하나님의 말씀은 견고하며 진퇴양난에서 신뢰할 수 있는 흔들림 없는 예외이다.

성경에 대한 당신의 관점을 되돌아보시오. 당신은 성경을 얼마나 신뢰합니까? 성경에서 최근 하나님에 대하여 무엇을 배웠습니까? 당신의 삶에 하나님의 궁극의 진리가 더 깊이 드러나도록 기도하십시오.

삼위일체의 보배로움
삼위일체의 가치 발견

에베소서 1:15-23; 예레미야 9:23-24; 요한복음 16:7-15, 17:3; 마태복음 1:18-23

제2과

삼위일체란 어떤 사람들에게는 신학자들이나 철학자들의 토론을 위한 개념에 불과하다. 아마 새 깃털 펜으로 글을 쓰던 시대에는 신학자나 철학자들에게만 흥미로운 화제였을지도 모르겠다. 그런데 오늘날 어떻게 평범한 보통 사람들이 일생 동안 연구하는 당면 문제가 되었을까? 왜 삼위일체 하나님에 대한 진리 탐구가 보통의 삶을 사는 인간들에게 이렇게 중요한 문제가 되었을까?

이번 과에서는 왜 삼위일체가 중요한지, 세 가지 이유를 살펴보고자 한다. 그 이유들을 보면서 우리는 무척 놀랄 것이다. 왜냐하면 삼위일체는 차갑게 식은 오래된 불모의 이론이 아니라 생명과 사랑을 가진 따뜻한 것이기 때문이다. 가장 중요한 것에 관한 것이기 때문에 삼위일체는 중요하다. 이것은 찾아 발견하여 소중히 간직해야 할 우리 믿음의 보화이다.

• 들어가기 Start It Up

앨버트 아인슈타인이 이름을 날리던 지나간 시절의 대학생이라

Tri God : *Father, Son, Holy Spirit*

고 상상해 보자. 어느 날 당신이 물리 시간에 들어갔는데 괴상한 머리 모양을 한 새 교수가 들어왔다. 그리고 지금까지 들어본 적이 없는 상대성 이론에 대하여 설명을 한다. 그 사람이 빛의 항구성과 시공간의 상대성에 대하여 강의를 펼칠 때, 당신은 생각할 것이다. '도대체 무슨 상관이야?'

몇 년 뒤, 당신은 일본의 히로시마와 나가사키에 떨어진 원자 폭탄 얘기를 듣게 된다. 대학 시절 아인슈타인 교수의 물리 시간을 떠올리면서 돌연, 그의 상대성 이론이 중대한 문제였음이 크게 부각된다.

1. 학창 시절 어떤 과목이 가장 쓸모없어 보였습니까? 지금에 와서야 깨닫는 그 과목들이 가지는 유용성은 무엇입니까?

---

2. 학창 시절에 익혔던 이론과 기술이 현재 당신의 일, 삶의 스타일, 혹은 취미에 어떻게 도움을 주었습니까?

• 펼치기 Talk It Up

바울은 말에 타고난 재능이 있었다. 그리고 성경에 나오는 그의 기도를 보면 단 몇 줄의 문장으로 방대한 양의 의사소통을 하고 있다(물론 이 몇 줄은 그가 성령의 영감을 받아 썼을 것이다). 에베소서 1장 15-23절의 기도나 다른 구절들에서도 우리 일상의 삶에 필요한 삼위일체에 대하여 배울 수 있다.

에베소서 1:15-23

17절에 초점을 맞추어 삼위일체에 관한 언급에 유의해 보자. 성부는 "우리 주 예수 그리스도의 하나님"이시다. 바울은 또한 성령에 대해서도 말했는데 성부, 성자, 성령이 바울의 이 한 줄의 기도 속에 다 들어 계신다.

17절 말씀은 삼위일체에 대하여 보통 잘못되어 있는 우리의 인식-성부 하나님은 무섭고 심판하시는, 오직 성자만이 자비롭다는 인식-을 바로잡아 준다. 그러나 여기서 성부 하나님은 우리에게 '주시는' 분이심을 명심하자.

성령에 대한 또 한 가지 잘못된 인식은 삼위 중에서 가장 비중이 작다는 생각이다. 그러나 바울은 성령을 두고 "지혜와 계시의 영"이라고 일컫는다. 다른 말로 하자면, 성령은 우리의 삶 속에 활동적으로 역사하여 하나님과 그의 뜻을 알아서 우리를 변화되게 하는 분이시다.

3. 당신은 삼위 하나님 중 어떤 하나님께 자주 기도합니까? 성부, 성자, 혹은 성령?

---

4. 하나님에 대한 다른 칭호(예를 들어, 하나님 아버지)를 당신이 들었거나 기도 중에 사용하는 것으로는 어떤 것이 있습니까? 그룹에서 얼마나 많은 대답들이 나오는지 보십시오.

삼위일체의 보화 1 – 삼위일체에 대한 지식이 우리의 하나님께 대한 관계를 심화시켜 준다.

우리가 사랑하는 사람에 대하여 정말 알아야 하는 것들이 있다. 그 사람이 전시(wartime)에 정신적 외상을 입었을 수도 있고 어린 나이에 어머니를 잃었을 수도 있다. 신뢰할 수 있는 성격이나 솔직 담백한 성품은 깊은 가치를 지닌다. 상대방의 내면에 이런 중추적 역할을 하는 경험이나 성격 특성을 모르고서는 그와 친밀한 관계가 될 수 없다.

예레미야 9:23-24; 요한복음 16:7-15

하나님에 의하면, 최고의 목표는 부나 성공이 아니다. 예레미야에 의하면 그것은 하나님을 아는 것, 하나님을 이해하는 것이다. 많은 사람들이 이것을 비웃지만 영원히 비웃지는 못한다. 조만간, 바라건대 곧, 모든 사람이 하나님을 개인적으로 아는 것이 가장 중요한 문제라는 것을 실감하길 바란다.

5. 당신이 처음으로 예수님을 알기 시작한 것은 언제였습니까? 제일 처음 당신은 예수님을 하나님 그 자체로 아는 대신 그저 한 인물로 알았습니까? 만약 그렇다면, 언제 그 생각이 바뀌기 시작했습니까?

----

6. 요한복음 16장 7-12절에 의하면, 우리가 하나님을 알도록 성령님이 어떻게 도우십니까? 당신이 하나님을 이해하고 알도록 성령님이 어떤 방법으로 도우십니까?

삼위일체의 보화 2 - 삼위일체에 대한 지식이 우리의 시각을 명료하게 한다.

우리가 "나-중심적" 사고방식에 주의하지 않으면 우리가 사물의 중심이 된다. 그리고 이 생각은 우리와의 관계를 복구하려고 하는 하나님의 계획에서조차 우리를 중심에 놓는다. 예수님께서 우리에게 가능하게 해주신 영생, 즉 기쁜 소식에 대하여 어떻게 정의하셨는지 살펴보자.

요한복음 17:3

보통 우리는 영생을 죽어서 천국 가는 것으로 단순하게 정의한다. 이 말은 사실 우리 자신에 대해 이렇게 말하는 것이다. "이것은 전적으로 나에 대한 거야. 하나님은 나를 필요로 하신단 말이지. 그분은 외로우셔서 나를 창조하셨고 그분의 가슴엔 구멍이 뻥 뚫려 있었어. 나야말로 영생의 기쁜 소식의 중심 인물이야."

사실은 이것과 매우 다르다. 영생은 삼위일체 진리를 정말 깊이 인식하는 것이지, 단지 영원히 사는 것에 대한 것이 아니다. 우리는 사물의 중심이 아니다. 하나님은 사람이 필요치 않다. 삼위일체 안에서, 하나님은 완벽한 관계, 완벽한 조화, 완전한 일체를 이루시면서 완전한 개체로 존재하신다. 하나님은 그분의 가슴에서 넘쳐 흐르는 사랑, 은혜, 긍휼로 말미암아 우리를 창조하셨다.

7. 당신은 삶의 어떤 영역에서 가장 자기중심적으로 됩니까? 자기 중심주의가 매일매일의 삶에 어떤 결과를 가져옵니까?

---

8. 자기 중심주의 신앙이 보이는 증세로는 어떤 것들이 있습니까?

삼위일체의 보화 3 – 삼위일체에 대한 지식이 우리에게 기독교 신앙의 독특성을 보여준다.

기독교 신앙에는 유일무이하고도 지극히 중요한 확신이 있다. 기독교 신앙을 다른 모든 종교들로부터 분리시키는 한 가지 확신은 하나님이 사람이 되었다고 하는 진리이다. 또 하나는 사람이 된 하나님이 우리를 위한 희생제물로서 죽었다고 하는 진리이다. 귀에 익숙한 이 말 속에 든 기독교 신앙의 두 가지 핵심에 주목하라.

마태복음 1:18-23

모든 종교가 다 똑같다고 하는 말은 한마디로 사실이 아니다. 모든 종교가 하나의 큰 파이에서 잘려 나온 조각들로서 그것을 한데 모으면 하나님에 대한 완전한 진리를 만들어 내는 것은 아니다. 유대교는 신약성경에 있는 극히 중대한 소식을 놓치고 있다. 거기엔 그들의 메시아이자 구세주인 예수님이 이 땅에 오셨다는 것도 포함된다. 이슬람은 하나님이 한 분이라는 올바른 견해는 가졌으나 그 하나님이 누구인지에 대한 앎에는 실패했다. 불교와 같은 동양 종교는 하나님에 대하여 전혀 다른 견해를 가지고 있다.

삼위일체 진리는 기독교 신앙에서 절대적으로 중요하다. 성부 하나님은 이 세상을 창조하셨고 이 세상을 영적 어두움에서 구하시기 위하여 한 계획을 세우셨다. 성자 하나님 – 완전한 하나님이시자 완전한 인간 – 이 그 계획을 실행에 옮기셨다. 성령 하나님은 인간을 감화하셔서 그 계획을 기록하게 하셨고, 계속해서 사람들이 하나님의 뜻을 따라 살도록 능력을 부여하신다. 기독교 신앙은 삼위일체를 믿음으로써만 그 능력을 발휘하며 오직 크리스천만이 성 삼위일체의 진리를 믿는다.

9. 모든 종교가 다 하나님께로 인도한다고 주장하는 사람에게 당신은 어떤 반응을 하겠습니까?

----

10. 왜 예수님은 이 땅에 오셔야만 했습니까?

• 올려드리기 Lift It Up

　어떤 사람이 "나는 하나님의 은혜를 사모한다"고 말했을 때, 우리는 그 사람이 의미하는 바를 안다. 하지만 "나는 삼위일체를 사모한다"는 말은 과연 얼마나 자주 듣는가? 삼위일체가 중요한 이유는 그것이 우리 삶에서 어떤 중요한 것보다도 더 중요한 하나님에 대하여 우리가 가지고 있는 가장 심오한 지식이기 때문이다.

11. 기도나 예배 가운데 당신은 어떻게 삼위일체에 접근합니까? 당신을 방해하는 잘못된 생각은 무엇입니까? 당신은 삼위일체 중 어느 하나님에 더 관심을 가져야 합니까?

----

12. 성부에 대한 경외를 나타내는 형용사로는 어떤 것이 있습니까? 성자에 대해서는? 성령에 대해서는?

　　삼위일체 각 위의 하나님께 감사하는 시간을 가지라. 12번 질문에 대한 답으로 나온 형용사들을 사용하여 기도하라. 그룹 멤버들이, 사랑하는 이들과 또 친구들이 성부, 성자, 성령 하나님을 알고 이해하고 깊은 관계를 가지도록 함께 기도하자.

나의 기도 요청

그룹의 기도 요청

창세 초기의 하나님 그림 1

창세기 3:8

그들이 그날 바람이 불 때 동산에 거니시는 여호와 하나님의 소리를 듣고 아담과 그의 아내가 여호와 하나님의 낯을 피하여 동산 나무 사이에 숨은지라

성경을 이제 막 처음 읽는 사람은 오래 읽은 사람이 쉽게 간과할 수 있는, 하나님에 대한 사실들을 발견할 수 있다. 예를 들어, 아담과 하와의 하나님과의 관계를 엿볼 수 있는 이 이야기에서 하나님께서 날이 서늘할 때에(in the cool of the day) 동산을 거니셨다는 대목이다.

성경에 나오는 하나님 묘사에 아직 익숙하지 않은 독자에게는 이 구절이 많은 의문을 제기할 수 있다. '하나님도 다리가 있으신가? 하나님이 땅 위에 사시는가? 하나님께서 당신이 창조하시고, 또 창조하신 것을 이렇게 즐기기도 하시나?'

그러고 나서, 하나님은 영이시고, 몸의 형체는 없으시나 우리에게 나타나실 수 있고, 또 나타나신다는 것을 성경을 통해 배운다. 하지만 에덴 동산을 거니시는 하나님에 대한 상상은 정말 호기심을 자아낸다. 우주의 창조주께서 동산을 거니시기를 좋아하시고, 자신의 창조물을 보살피시고, 우리 삶 속에 임하시고 활동하시는 것이다. 성경 속 얘기들은 바로 이런 것, 즉 하나님이 얼마나 실제적이며 우리와 얼마나 연결되어 있는지를 상기시켜 준다.

에덴 동산에서 하나님과 함께 거니는 것을 상상해 보십시오. 그분에게 무엇을 묻고 싶습니까? 하나님께서 당신과 나눔직한 이야기는 무엇입니까? 무엇이 가장 서로에게 즐거울 것 같습니까? 당신을 염려하고 당신의 삶에 관여하시는 하나님께 감사하십시오.

창세 초기의 하나님 그림 2

창세기 3:8

그들이 그날 바람이 불 때 동산에 거니시는 여호와 하나님의 소리를 듣고 아담과 그의 아내가 여호와 하나님의 낯을 피하여 동산 나무 사이에 숨은지라

아담과 하와는 하나님과 아주 친밀하게 연결되어 있었고, 이렇게 하나님께서 이들과 함께 에덴 동산을 거니시는 것이 처음이 아니셨던 것이 분명하다. 그런데 이 경우는 이들이 마치 어린아이가 뭔가 죄를 짓고 부모님의 징계를 피하기 위해 숨은 것처럼 하나님에게서 숨었다. 아담과 하와가 하나님에게서 숨었다는 사실은 하나님에 대한 지식을 그들이 가지고 있었고 하나님께 불순종했다는 것을 그들이 알고 있었음을 보여 준다.

그들은 거리적으로 떨어져 작용하는 권력이나 통치자의 분노를 무서워하지 않았다. 그들은 자신들을 만드시고 사랑하시고 나란히 함께 거니시는 창조주로부터 숨었다. 그들은 인간 외적인 하나님의 존엄성에 반역했던 것이 아니라 자기들과 친구 되기를 원하셨던 그들의 창조주를 반역한 것이다.

하나님은 삼위가 일체이신 분으로 이미 성부, 성자, 성령 사이에 동역 관계가 형성되어 있음을 숙고하십시오. 이것이 당신을 알기 원하고 친구가 되기 원하시는 하나님을 아는 것에 어떤 느낌이 들게 합니까? 당신이 하나님께 얼마나 중요한 존재인지 깨달을 수 있도록 도와주시기를 구하십시오.

창세 초기의 하나님 그림 3

창세기 4:1

아담이 그의 아내 하와와 동침하매 하와가 임신하여 가인을 낳고 이르되 내가 여호와로 말미암아 득남하였다 하니라

어디선가 인간의 첫 신생아가 태어나면서 가냘픈 울음소리를 발한다. 아기의 아버지는 기쁨의 미소를 머금고 아기의 엄마는 감사 기도의 숨을 내쉰다.

하지만 아담과 하와의 하나님에 대한 지식은 우리가 하나님에 대하여 아는 것보다 못했다. 다른 측면에서 보면 이것은 아연실색하도록 더 명료해진다. 어쨌거나 최초의 인간 커플은 하나님과 일대일로 대화했다. 하나님과 함께 거닐기까지 했다. 하와가 최초의 인간을 낳았을 때, 하와는 하나님께 감사를 돌렸다. 하와는 자신과 아담이 창조주에게 불순종했지만 하나님을 실망시킬 때에도 하나님이 자신들의 삶을 포기하지 않으신다는 것을 알았다.

하나님의 사랑의 간섭은 우리 삶의 중요한 순간에도 마찬가지이다. 출생, 죽음, 좋은 날, 궂은 날 등 하나님은 항상 우리 인간의 경험 속에 임재해 계신다.

자녀 출생, 질병, 또는 죽음과 같은 경험을 할 때 당신이 가장 직접적으로 관계되어 있는 분은 성부, 성자, 성령 중 어느 하나님입니까? 당신의 개인적인 경험을 되살려 보면서 그 가운데 당신이 보았던 하나님이 개입하신 증거를 회상해 보십시오. 우리에 대한 하나님의 이러한 친밀함이 어떤 느낌을 줍니까?

묵상. 제3과 들어가기 전에

창세 초기의 하나님 그림 4

시편 24:1-2

땅과 거기에 충만한 것과 세계와 그 가운데 사는 자들은 다 여호와의 것이로다 여호와께서 그 터를 바다 위에 세우심이여 강들 위에 건설하셨도다

때때로 성경은 묘하다. 많은 훌륭한 소설처럼, 하나님의 말씀은 대답 없는 질문을 남긴다. 이 질문들은 우리를 더 진지하게 생각하고, 더 깊이 연구하고, 우리의 상상력까지도 사용하게 만든다.

성경은 하나님이 아벨의 제사를 기뻐하신 것을 분명히 보여 준다. 그러나 아벨이 어떻게 하나님의 기뻐하심을 깨달았는가? 무엇이 그가 그런 대우를 받을 만하게 했는가? 하나님께서 그가 한 일을 잘 했다고 칭찬을 해 주셨는가? 하나님께서 실제 보이게 아벨 앞에 나타나셨는가? 더 이상한 것은 아벨 때에는 하나님과 관계하는, 지금 우리에겐 없는 어떤 길이 있었는가 하는 점이다.

이 얘기에서 우리는 여러 가지 형태로 그 속에 숨어 있는 것들을 상상해 볼 수 있다. 그리고 많은 성경학자들이나 주석가들이 이미 그렇게 했다. 그러나 이 구절에서 한 가지 분명한 것은 하나님께서 우리의 예배에 주목하시고 그 예배를 기쁜 마음으로 드리는지 아닌지 사료하신다는 점이다. 하나님은 우리의 동기를 아신다. 그리고 예배 가운데 당신을 향하는 우리 마음의 상태를 보신다.

당신이 개인적으로든 그룹으로든 전형적으로 참석하는 예배 경험을 반추해 보십시오. 당신이 예배하는 중에 하나님은 어디에 계십니까? 어떻게 그분을 인식할 수 있습니까? 하나님이 당신의 예배를 받으시는지 안 받으시는지 알 수 있게 해 주시기를 구하십시오.

Day 5

창세 초기의 하나님 그림 5

창세기 4:9

여호와께서 가인에게 이르시되 네 아우 아벨이 어디 있느냐 그가 이르되 내가 알지 못하나이다 내가 내 아우를 지키는 자니이까

    화로 인해 눈이 먼 가인은 아마 자기 행위를 합리화했을지도 모른다. 거기는 텅빈 벌판이었고 아무도 아는 사람이 없었다. 하지만 그의 아우의 피가 땅을 적시고, 안전하리라고 믿었던 그의 잘못된 인식은 빠져 나갔다. 하나님께서는 그 황량한 벌판을 주시하고 계셨다. 하나님은 그 치명적 일격을 목격하셨다.

    창세 초기의 하나님의 얘기에서 땅의 일에 관여하신 하나님을 보면 실로 의외다. 정말 그분의 시야 밖에 있는 땅은 없다. 그분의 눈을 가릴 수 있는 행동은 없다. 하나님의 마음은 우주를 면밀히 살피실 수 있고 그 안의 모든 순간을 목격하시고 모든 생각을 들으실 수 있다. 그리고 결코 이 모든 무한대에 가까운 일로 인해 지치지 않으신다. 하나님은 개별적으로, 직접적으로 우리 개인의 삶에 관여하신다. 하나님에게서 숨을 수 있는 우리의 언행은 하나도 없다.

당신이 하나님에게서 숨겨지기를 바라는 것은 무엇입니까? 왜 그것들을 숨기고 싶습니까? 그것들을 '비밀'로 유지해서 당신이 얻는 것은 무엇입니까? 당신과 개별적인 관계를 가지시는 하나님께 은밀한 죄를 극복할 수 있도록 도움을 구하십시오.

하나님의 비밀

신명기 29:29

감추어진 일은 우리 하나님 여호와께 속하였거니와 나타난 일은 영원히 우리와 우리 자손에게 속하였나니 이는 우리에게 이 율법의 모든 말씀을 행하게 하심이니라

이스라엘 백성은 하나님이 당신 자신을 드러내시는 갖가지 일들에 놀라움을 금치 못했다. 애굽에서 그들을 인도해 내시는 과정에서 드러내신 하나님의 권능에 두려움을 가졌고, 광야의 어려움을 통과하는 동안은 신실하신 하나님의 공급하심으로 축복을 받았다. 거기다 십계명은 이스라엘 백성에게 하나님의 마음의 창문 역할을 했고, 하나님이 누구신지에 대한 진실을 말해 주었다. 하나님께서 히브리 민족에게 드러내신 일들은 아버지와 어머니로부터 아들과 딸에게 전해지는 보화였다.

그러나 다른 일들, '비밀스런' 일들은 하나님만이 아시는 것이었다. 하나님께서는 자신에 대한 어떤 요소들은 신비로 간직하신다. 우리가 하나님에 대하여, 혹은 삼위일체나 하나님의 뜻에 대하여 얼마나 많이 알든, 하나님은 우리가 알 수 있는 크기보다 크신 분이다. 하나님의 본질의 복잡 미묘함은 인간의 이해를 초월한다.

하나에서 열까지, 하나님에 대하여 아는 것을 생각해 보십시오. 어떻게 그분에 대해 더 알 수 있을까요? 하나님과 그 뜻에 대하여 어떤 질문이 있나요? 하나님께서 왜 그분의 특성 중 일부는 신비로 간직하다고 생각합니까?

Day 7

믿음의 신비

디모데전서 3:9

깨끗한 양심에 믿음의 비밀을 가진 자라야 할지니

양파는 여러 겹으로 되어 있다. 성경은 이 양파의 여러 겹을 단순하게 보게 한다. 당신이 영적인 유치원 단계를 막 지났다고 생각할 때, 알려진 지 오래된 진실의 새로운 깊이를 발견할 것이다. 성경의 기본 구절, 말하자면 요한복음 3장 16절 같은 구절조차 새로운 의미를 더하고 시간이 감에 따라 하나님과의 관계는 진전된다.

하나님은 한 개의 단순한 공식으로 설명되지 않는다. 그분의 속성, 특성, 그분의 뜻은 신비에 가려 있다. 기독교 신앙은 어린아이에게 설명할 수도 있는 반면, 철학자들을 당황시킬 수도 있다. 세 격이 한 현존 안에 거하는 하나님에 대하여 우리는 거의 모른다는 것을 이해하는 것조차 심오하다. 믿어지지 않기까지 한다. 그러나 우리가 그분을 더 알고자 애쓰는 대로 하나님께서는 성령을 통하여 성경의 많은 복잡성을 우리에게 밝혀 주신다.

성경을 읽을 때, 그 복잡성이 당신을 압도해 버리는 경우를 말해 보십시오. 그 후에 그 구절의 새로운 뜻을 발견하려고 같은 구절로 되돌아 왔습니까? '믿음의 비밀을 가진다'는 말은 무슨 뜻이라고 생각합니까?

Day 8

아들로 인하여

히브리서 1:1-2

옛적에 선지자들을 통하여 여러 부분과 여러 모양으로 우리 조상들에게 말씀하신 하나님이 이 모든 날 마지막에는 아들을 통하여 우리에게 말씀하셨으니 이 아들을 만유의 상속자로 세우시고 또 그로 말미암아 모든 세계를 지으셨느니라

성경은 약 1500년이라는 기간에 걸쳐 기록되었다. 하지만 그것은 예수님의 이 땅에서의 생애 33년에 관한 것이다. 그 33년으로 인해 나머지 1467년이 말해주는 것보다 더 많이 하나님에 대하여 알게 되었다.

하나님은 이 땅에 오셔서 우리와 함께 사시는 것과 같은 일에 전혀 제한을 받지 않으신다. 하나님은 삼위가 하나이신 분이기 때문에 은하계에 새로운 별을 하나 더 그려 넣으실 수가 있고 동시에 나사렛 동네에 사실 수 있다. 그러나 하나님의 가히 상상을 넘는 권능과 사랑에 대한 우리의 이해의 최대는 공간의 확장을 통해 온 것이 아니다. 그것은 예수님의 생애를 통해 왔다. 예수님이 가는 모든 곳에서 인간의 몸을 하신 하나님은 사람들을 육신적으로 영적으로, 그리고 정서적으로 고치셨다. 그리고 때가 되었을 때, 인간의 몸을 입으신 하나님은 기꺼이 고난을 받으셨고 우리를 위해, 자신의 창조물인 우리를 위해 죽으셨다.

성 삼위일체의 거룩한 사랑은 성부 하나님이 독생자를 보내시고, 독생자 예수님은 성령에 의해 권능을 받으셨고, 인간에 대한 망극한 사랑으로 말미암아 자신의 생명을 주신 것으로 지금 우리 시대에 잘 드러나 있다.

예수님의 생애에 대하여 당신이 아는 가장 핵심적인 사항을 상고해 보십시오. 그분의 생애가 성부 하나님에 대하여 무엇을 말해 줍니까? 예수님의 어떤 사실이 하나님 아버지의 강력하신 사랑을 증거해 줍니까?

침침한 거울

고린도전서 13:12

우리가 지금은 거울로 보는 것같이 희미하나 그 때에는 얼굴과 얼굴을 대하여 볼 것이요 지금은 내가 부분적으로 아나 그 때에는 주께서 나를 아신 것같이 내가 온전히 알리라

식습관을 바꾸지 않고 체중 감량이나 운동 프로그램을 시작하는가? 그렇다면 놀이공원의 유령의 집에 가서 거기 있는 울퉁불퉁한 거울을 들여다보라.

우리가 사물을 늘 실제 그대로 본다고는 할 수 없다. 간혹 유령의 집의 거울에서 보는 것처럼 우리가 보는 형태는 찌그러져 있다. 아니면 자동차의 백미러처럼 물체가 상당히 가까이 있는데 멀리 있는 것처럼 보이기도 한다. 하나님을 올바른 모습으로 그려보고자 하는 우리의 노력에도 불구하고 하나님의 이미지 역시 불완전하다.

바울은 하나님과 그 뜻에 대한 우리의 지식을 불완전한 거울의 상을 보는 것에 비유했다. 하지만 어느 날, 하나님이 우리를 아시는 것처럼 완전하고 분명하게 하나님을 알게 될 것을 확신했다.

어린 시절 이후 하나님에 대한 이미지는 어떻게 바뀌었습니까? 왜 그렇게 바뀌었나요? 어느 날엔가 하나님께서 당신을 아셨을 뿐만 아니라 당신이 하나님을 알게 될 것이라는 확신이 어떤 기분을 들게 합니까?

탐색의 지혜

요한1서 3:2

사랑하는 자들아 우리가 지금은 하나님의 자녀라 장래에 어떻게 될 지는 아직 나타나지 아니하였으나 그가 나타나시면 우리가 그와 같을 줄을 아는 것은 그의 참 모습 그대로 볼 것이기 때문이니

하나님을 아는 지식이 자라감에 따라 우리는 하나님을 더욱더 명료하게 보기 시작한다. 이렇게 하나님의 속성에 대한 우리의 새로워진 시각은 더 깊은 신앙으로 우리를 인도하여 마음의 평안이 증가되고 하나님께서 우리 각자의 삶에 가지고 계시는 목적을 더욱 명료하게 이해하게 된다.

하나님을 대면하여 보고 하나님을 이해하게 될 날이 오고 있다. 하지만 그 때까지, 우리가 할 수 있는 데까지 하나님을 최대한 알도록 노력해야 한다. 그래서 매일 성경을 읽는 일이 그렇게 중요한 것이다. 성경을 이야기를 모아놓은 책으로 알아서는 안 된다. 성경은 하나님의 마음을 들여다볼 수 있는 창문이다.

올해, 성경을 통해 얻은 하나님에 대한 새로운 통찰은 무엇입니까? 그 지식이 하나님의 속성에 대한 이해를 어떻게 높여 주었습니까? 개인적인 성경공부 외에 하나님에 대하여 배울 수 있는 방법으로는 어떤 것이 있을까요? 오늘 성령님께서 당신에게 새로운 통찰력을 주시도록 구하십시오.

Father, Son, Holy Spirit | Tri God

삼위일체의 신비
성 삼위일체의 코드 해독

창세기 1:26-27, 3:22, 11:7; 신명기 6:4; 갈라디아서 4:6; 마태복음 28:19 　제3과

잘 짜여진 미스터리 소설이나 영화를 보는 재미 가운데 하나는 내용이 전개되면서 점점 등장인물들의 정체가 드러난다는 점이다. 누가 주인공이고 누가 범인이 될지 모른다. 그래서 줄거리가 전개되는 동안 사건의 실마리를 찾는 데 흥미가 집중된다. 점차 캐릭터들의 성격 특성이 드러나는 것을 보면서 내내 그 미스터리를 즐긴다. 더 알고 싶어서…….

이와 마찬가지로, 성경은 하나님의 속성을 점차적으로 드러낸다. 아브라함은 아담보다 하나님을 더 알았지만 모세만큼은 아니었다. 베드로는 모세보다 더 하나님을 알았고 요한과 바울도 역시 모세보다 더 하나님을 알았다. 성경의 끝에 이르러서는 하나님의 성품과 속성에 있어서의 위대한 많은 신비들이 드러난다. 삼위일체는 하나님의 이러한 신비스런 면들 중에서도 최고지의 발견이다.

태초에 하나님의 복잡성을 누가 과연 알았겠는가? 셋이 하나인 하나님을 아담이 생각했을까? 그리스도를 따르는 자들의 마음속에 성령님이 내주하신다는 것을 아브라함이 생각이나 했을까?

Tri God Father, Son, Holy Spirit

• 들어가기 Start It Up

　극장에서 상연되는 연극이나 훌륭한 문학 작품들 속의 멋진 이야기에는 우리의 호기심을 유발하고 예기치 않은 결말로 이끌어 가는 탄탄한 구성이 있다.

1. 줄거리에서 놀라운 반전을 보여주었던 좋아하는 책이나 영화가 있었다면 무엇입니까?

---

2. 당신의 삶 가운데 뜻밖의 결과를 경험한 경우, 당신이 예상했던 것보다 더 나은 결과가 나왔던 경우를 얘기해 보십시오.

• 펼치기 Talk It Up

　세상에는 삼위일체를 묘사하는 많은 도해나 영상들이 있다. 각 가정의 아버지는 삼위일체의 그림자라고도 할 수 있다. 왜냐하면 아빠인 동시에 남편이자 아들이기 때문이다. 시간은 과거, 현재, 미래의 성질과 함께 삼위일체의 암시가 된다. 공간 역시 높이, 길이, 너비에 의해 정의된다. 음악에는 멜로디, 하모니, 그리고 리듬이 있다. 물은 액체, 고체, 기체의 형태가 될 수 있다. 이들 중 어느 것도 완벽한 하나님과 유사할 수는 없다. 하나님은 삼위이시며 각각 완전한 하나님이면서 오직 한 존재이시기 때문이다. 그렇지만 세상을 만드신 하나님께서 그 자신의 속성과 실존에 대한 암시를 만드신 자연 속에 넣어 두셨음직도 하다.

삼위일체 신비 해독 1 : 창세기 속의 삼위일체

삼위일체 개념을 밝히는 세 가지 본질적인 진리를 기억하라. (1) 하나님은 성부, 성자, 성령 삼위로 되어 있다. (2) 각각은 완전한 하나님이시다. (3) 오직 한 분의 하나님이 계신다.

이 진리는 성경 전체를 통하여 드러나 있다. 창세기에서 우리는 천지 창조의 기록을 통해 삼위일체에 대한 첫 암시를 엿볼 수 있다.

창세기 1:26, 3:22, 11:7

3. 이 구절들에서 왜 '우리'라는 말을 했을까요? 왜 이 말이 중요할까요?

Tri God　Father, Son, Holy Spirit

창세기 1:27

4. 이 구절에서 "그들 자신의 형상"이라고 하지 않고 왜 "자기 형상"이라고 했을까요? 삼위일체의 정의에 있어서 어떤 부분이 이 말을 예증해 줍니까?

삼위일체 신비 해독 2 : 신명기에서 보는 하나님의 삼위일체

창세기에서 하나님은 삼위일체 속에 각각 다른 세 위의 하나님이 계심을 우리에게 처음으로 보여 준다. 그다음 신명기에서 세 위의 하나님이 한 존재임을 확인한다.

신명기 6:4

이 구절은 유대교인들이 하루 세 번씩 암송하는 구절로 이른바 '쉐마'(shema)라고 불린다. 예수님께서도 "무엇이 가장 큰 계명입니까"라는 질문에 이 구절을 포함해서 답변을 하셨다. 마가복음 12장 29절에 "예수께서 대답하시되 '첫째는 이것이니 이스라엘아 들으라 주 곧 우리 하나님은 유일한 주시라'"고 했다.

신명기 6장 4절은 성경이 점차적으로 하나님의 속성을 드러내시는 기반을 이룬다. 실제 이 구절은 문자 그대로 세상을 바꾸었다. 성경이 하나님의 삼위가 하나이신 속성을 드러내기 전에는 세상은 여러 가지 신을 믿는 다신교의 관점을 가졌었다. 유대주의를 거쳐 기독교와 이슬람교에 오면서 한 하나님의 개념, 유일신주의가 세상의 주 관점이 되었다.

5. 다신교를 신봉하는 사람이나 그런 글을 대면한 적이 있습니까? 당신의 경험이나 거기에 대해 아는 바를 말해 보십시오.

---

6. 삼위가 하나이신 성 삼위일체의 하나님을 이해하는 것이 왜 그렇게 중요합니까?

삼위일체 신비 해독 3 : 예수님께서 신약 속에서 삼위일체를 확실하게 하심

삼위일체는 구약에서만 말하는 것이 아니다. 예수님이 직접 삼위일체에 대해 성경 딱 한 군데서 말씀하신 구절이 있다. 이 구절은

'아버지' 그리고 '성령' 이라는 두 단어의 밀접성을 유일하게 보여주는 곳이다. 갈라디아서 4장 6절의 "너희가 아들이므로 하나님이 그 아들의 영을 우리 마음 가운데 보내사 아빠 아버지라 부르게 하셨느니라"는 말씀이다.

마태복음 28:19

마태복음 28장 19절은 예수님이 이 땅에서 하신 사역의 마지막 지점에 이르러 그의 제자들을 가르치시는 부분이다. 예수님은 이 세상을 떠나 하나님 우편에 앉게 되실 것이므로 하나님의 삼위일체 진리에 대하여 성경 어떤 곳에서보다 분명하게 말씀하시고 있다. 이전에도 예수님은 삼위일체에 대한 암시를 주셔서 승천할 때가 되셨을 때, 제자들이 그 뜻이 무엇이었는지 이해할 수 있었다.

예를 들어 예수님은 수없이 이런 말씀을 하셨다. "살아 계신 아버지께서 나를 보내시매 내가 아버지로 말미암아 사는 것같이"(요 6:57). 예수님은 분명히 그 자신이 '아버지'라고 부른 대상, 하나님을 경외했다. 또 여러 곳에서 이런 말씀을 하셨다. "보혜사 곧 아버지께서 내 이름으로 보내실 성령 그가 너희에게 모든 것을 가르치고 내가 너희에게 말한 모든 것을 생각나게 하리라"(요 14:26; 눅 11:13, 24:29 외). 예수님이 주신 또 다른 놀라운 설명은 하나님을 묘사하면서 하신 말씀이다 "누구든지 나를 본 자는 아버지를 보았느니라."

7. 성령께서는 어떻게 우리를 가르치십니까?

---

8. 성부, 성자, 성령의 이름으로 세례를 받은 경험이 있습니까? 그때, 그 세 이름이 당신에게 어떤 의미였습니까? 아니면 어떤 의미라도 있었습니까? 지금은 이 세 이름이 당신에게 어떤 의미를 가집니까?

밝혀지는 삼위일체의 신비를 한데 모으기

하나님에 대한 진보적인 논리 가운데는 삼위일체를 의미하는 많은 암시들이 있다. 그 중 어떤 것들은 밝혀져야만 한다. 신명기 6장 4절에서도 하나님의 하나 되심을 드러내는 데 중추적이라 할 수 있는 구절이 삼위일체에 대한 암시를 하고 있다. 히브리어의 '하나'를 의미하는 데 사용되는 단어가 이 구절에 있다. "하나님은 하나이시다." 똑같은 단어가 창세기 2장 24절에서도 사용된다. 여기서는 결혼에 대한 말로 사용된다. "이러므로 남자가 부모를 떠나 그의 아내와 합하여 둘이 한 몸을 이룰지로다."

여기에 또 다른 말, 하나님께서 '엄격히 하나'를 의미하는 데 사용하신 히브리어가 있다. 하나님께서 신명기 6장 4절에서 사용하신 말이긴 하나 여러 사람이 연합하여 하나를 이룬 것을 언급할 때도 사용한다.

9. 왜 하나님께서 삼위일체의 계시를 창세기에서 바로 다 보여 주시지 않고 조금씩 조금씩 보여 주셨다고 생각합니까?

----

10. 성경 속에 나타나는, 그리고 세상 속에 나타나는 하나님의 본성에 대하여 당신이 더욱 민감해지려면 어떻게 하면 되겠습니까?

• 올려드리기 Lift It Up

    성경을 읽으면 거기엔 지식과 영감이 다 들어 있다. 이 둘 중 하나만을 위하여 성경을 읽는다면 우리의 믿음은 자라지 않는다. 삼위일체 진리는 성경이 하나님에 대한 얘기를 한꺼번에 하지 않고 점진적으로 드러내는 완벽한 본보기라고 할 수 있다.
    성경 속의 삼위일체 진리에서 우리는 영감뿐 아니라 지식도 얻게 된다. 성경은 때때로 성부 하나님의 사랑과 성자 예수님의 희생, 그리고 성령 보혜사의 은혜에 대한 설명으로 영감을 주는가 하면, 또 어떤 경우는 하나님의 삼위가 하나의 단일체임을 설명하여 하나님에 대한 지식의 정보도 준다.

11. 당신은 성경의 어떤 부분을 더 읽습니까? 영감적인 면입니까, 지식적인 면입니까? 어떤 면에 어떻게 초점을 맞추고 있는지 설명해 보십시오.

　서로를 위하여 기도하는 시간을 갖되 특별히 하나님의 삼위일체의 본성에 관한 성경의 영감적인 면과 지식적인 면에 더 깊은 통찰을 가질 수 있도록 기도한다.

나의 기도 요청

그룹의 기도 요청

보완하여 완전케 하는 것

창세기 2:22

여호와 하나님이 아담에게서 취하신 그 갈빗대로 여자를 만드시고 그를 아담에게로 이끌어 오시니

결혼이라는 이슈에 대하여 오늘날의 생각은 무척 복잡하다. 그러나 태초에 하나님이 정의하신 결혼은 한 남자와 한 여자 사이를 평생토록 묶는 것이었다. 아담과 하와의 결혼을 통해서 하나님은 남편과 아내의 관계에 대해 보여 주셨는데 여기엔 우리가 배울 지혜가 있다. 하나님이 창조하신 그 남자가 적절한 짝을, 적합한 조력자를 찾지 못했을 때, 하나님께서는 여자를 창조하셔서 그와 동행하게 하셨다.

사실 하나님은 그 남자에게서 갈빗대를 취하여 여자를 만드셨다. 아담을 완전하게 보완하시기 위하여 하나님은 의도적으로 하와를 만드셨고 아담은 곧 하나님께서 자신을 여자를 완전하게 보완하는 존재로 만드셨다는 것을 알았다.

아담과 하와는 하나님의 형상대로 지음받았으나 각기 다른 역할을 수행했다. 똑같이 중요하되 맡은 바 임무는 달랐다. 하나님은 남자와 여자가 균형을 이룬 단일체로 살도록 만드셨다.

남편과 아내가 서로 보완하고 지지할 수 있는 길은 어떤 것들이 있는지 적어 보십시오. 당신이 결혼을 했다면 당신의 결혼생활에서 하나 됨의 원리를 더 발전시킬 수 있도록 하나님께 구하고, 결혼을 안 했다면 친구나 가족관계에서 서로 조화롭게 하나가 되도록 구하십시오.

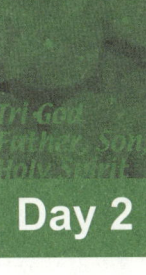

Day 2

하나 더하기 하나는 하나

창세기 2:24

이러므로 남자가 부모를 떠나 그의 아내와 합하여 둘이 한 몸을 이룰지로다

'한 몸'이라는 말 속의 '한'이란 말은 신명기 6장 4절 "우리 하나님 여호와는 오직 유일한 여호와이시니"에서 하나님에게 사용한 것과 동일한 어휘이다. 남편과 아내가 한 실체로서 서로 다른 역할을 하는 형태는 하나님에 대한 재미있는 그림을 제공해 준다. 완벽한 비유는 아니겠지만 이 그림은 삼위일체 하나님이 어떻게 일하시는지 우리의 이해를 돕는다.

원칙적으로 결혼은 두 사람이 하게 되어 있고 한 목적 아래 뭉치고 개별적으로는 서로를 지지한다. 이와 흡사하게 하나님은 성부, 성자, 성령 하나님이시다. 똑같은 존재이시고 세 위로 나뉘어서 역할은 다르지만 동일한 목적을 향해 일하신다.

당신의 삶에서 당신이 갖는 각각의 역할들을 적어 보십시오. 이 역할들이 한데 모아져서 당신을 어떻게 설명해 줍니까? 다른 사람들이 당신의 이 리스트를 읽고 당신의 삶의 목표에 대해서 어떤 결론을 내릴까요?

존경

출애굽기 20:12

네 부모를 공경하라 그리하면 네 하나님 여호와가 네게 준 땅에서 네 생 리라이 길명이 길리라

존경은 위로 흐른다. 아들, 딸로부터 아버지, 어머니에게로 흐른다. 부모 자식이 가지고 있는 실제적인 중요성에는 조금도 변화가 없다. 가족 각자의 역할은 전 생애를 통해서 돕고 사랑하고 서로 지지하도록 설계되어 있다. 자녀가 다 자랐을지라도 부모를 변함없이 공경하고, 부모는 성장한 자녀들의 변함없는 '부모'가 된다.

예수님은 성부께 자신을 복종시켰다. 성부 하나님보다 자신이 조금이라도 못해서가 아니라 하나님이 세우신 삼위일체의 질서 때문이었다. 성부, 성자, 성령 간의 일체는 우리 가족 관계에서도 작용하여 하나님이 주신 역할 안에서 서로 높이고 존중해야 한다. 이것은 하나님이 맡기신 것이다. 가족간에 서로에 대한 존중은 그 가족을 강하게 한다.

내 가정에서 가족들의 각각의 역할을 생각해 보십시오. 당신은 부모님을 어떻게 공경합니까? 자녀가 있다면 그 자녀들이 당신을 어떻게 존경합니까? 부모 자식 관계에서 존경심이 왜 이렇게도 중요합니까? 기도할 때, 성부 하나님을 경외합시다.

Day 4

자만

빌립보서 2:6

그는 근본 하나님의 본체시나 하나님과 동등됨을 취할 것으로 여기지 아니하시고

    많은 사람들이 자신의 능력과 힘이 하나님과 같기를 바라는 잠재의식을 가지고 살아간다. 듣기 거북할지 모르겠으나 무제한의 부를 추구하고 반대자가 없는 지배 세력을 추구하는 성향은 점점 더 커지고 있다. 명성과 힘에 대한 욕구는 리얼리티 텔레비전 쇼나 영화 배우들의 자서전, 스포츠 영웅들, 그리고 지역 사회 칼럼들에 잘 나타난다.

    당신이 이 모든 것을 가졌다고 상상해 보라: 부, 인기, 성공. 그런 다음 어느 날, 모든 것을 포기하고 가난하게, 그리고 미천하게 살기를 택한다. 어느 날엔가 모든 사람들이 당신에게 주어진 그 복을 다 나누어 가지게 하기 위하여.

    실제로 이것은 성자 하나님이 하신 일이다. 그 높은 하늘 보좌로부터 예수님은 한 유대 시골 처녀의 자궁을 빌어 이 땅에 오셨다. 그분은 아셨다. 당신의 부요로우심을 제쳐놓아야 하고 당신이 거두시던 매일의 경배를 공개적인 비웃음으로 바꾸어야 함을 아셨다. 그러나 예수님은 기꺼이 그렇게 하셨으므로 우리는 언젠가 천국에서 그분과 함께할 수 있게 되었다. 그분이 하신 일은 우리 인간으로서는 믿어지지 않는 것들—자신을 내세우지 않는 무욕, 인간들에 대한 불가해한 사랑—을 보여 준다.

당신의 자존심을 되돌아 보십시오. 부와 성공이 당신에게 얼마나 중요합니까? 권력에 대한 욕구를 채우는 일에 특별히 크리스천들이 조심해야 하는 이유는 무엇일까요? 나를 위한 그리스도의 희생을 감사합시다.

불평접수계

빌립보서 2:6

그는 근본 하나님의 본체시나 하나님과 동등됨을 취할 것으로 여기지 아니하시고

"이건 불공평해." 아이들이 가장 빨리 익히는 불평 중의 하나다. 평생을 통해, 누구나가 다 공평한 분배에 관심을 기울이는데 특히 직장 일에서 그렇다. "그 여자 사무실이 더 커", "그 사람 일이 나보다 더 수월해", "사장이 나보다 그 여자를 더 좋아해" 하는 말들은 이런 이유에서 나온다.

더 좋고 나쁜 것이라기보다 서로 다른 역할이라고 보는 안목이 지혜롭다. 결국, 고용된 사람은 감독자 밑에서 일하면서 만족하는 것처럼 회사 주인은 직원들을 통솔해 나가는 일을 하는 근무자로서 각각 다른 것이다. 마찬가지로 정치 지도자는 거액의 봉급을 받으면서 그만큼 비참해지는가 하면, 비서는 얼마 안 되는 봉급을 받으면서 그로 인해 즐거운 것이다.

성자 하나님이 인간들의 죄를 대신하여 죽기 위해 이 땅에 와야 할 과업을 받았을 때, 그는 자신이 성부, 성령과 동등함을 생각하면서 불평하지 않았다. 예수님은 삼위의 셋 중에 하나가 반드시 죽어야 하고 육체적인 고통을 받아야만 한다는 것을 아셨다. 성자 하나님은 기꺼이 이 일을 하셨다. 그는 "불공평해요" 하고 볼멘 소리를 하지 않으셨다. 자기 대신 성령이 이 일을 맡지 않았다고 얼굴을 찌푸리지 않으셨다. 오직 겸손하게 이 역할을 받아들였고 성부의 거룩하신 계획 중에 있는 자신의 역할의 중요성을 이해했다.

당신의 최근의 경력이나 가정에서의 역할을 설명해 보십시오. 당신의 지위나 의무가 불공평하다는 생각이 든 적이 있습니까? 즐겁지 않은 과업을 맡으셨던 예수님의 겸손이 당신이 견뎌내야만 하는 욕구불만을 어떻게 변화시켜 줍니까? 당신이 지금 애쓰고 힘들어하는 영역에서 당신이 마땅히 가져야 할 자세를 가질 수 있도록 기도하십시오.

Day 6

남을 섬기는 왕

시편 24:1-2

땅과 거기에 충만한 것과 세계와 그 가운데에 사는 자들은 다 여호와의 것이로다 여호와께서 그 터를 바다 위에 세우심이여 강들 위에 건설하셨도다

　마크 트웨인의 《왕자와 거지》를 보면, 왕자가 거지와 자리를 뒤바꾸게 된다. 그 거지가 돌연 전율이 흐르는 특별한 대우를 받는 동안 왕자는 아무도 알아주지 않는 평민 대우를 받는 어려움을 겪는다.
　하나님의 삼위일체 안에는 각각의 역할이 있다. 그리고 똑같이 거룩하다. 삼위일체 안에는 어떤 것이 다른 것보다 더 크고 작고가 없다. 그러나 성자와 성령은 성부께 복종한다. 모든 창조의 왕, 성부의 뜻에 따라 예수님은 기꺼이 종이 되셨다. 그의 관심은 자신의 영광이나 그 영광을 제쳐놓는 좌절에 있었던 것이 아니라 성부 하나님의 뜻을 성취하기 위하여 자신이 무엇을 해야 하는가에 있었다.
　하나님의 거룩하신 계획을 성취하기 위한 이 온전한 헌신으로 인해 예수님은 자신을 상처와 고투와 시련에 내놓았다. 그러나 종이 되기로 한 결정을 후회하거나 그 결정에 함께 따르는 과업들을 게을리하지 않으셨다. 대신, 전심으로 섬기는 일에, 하나님의 사랑과 우리를 자원해서 섬기시는 당신의 모습을 인간에게 보여 주시면서 섬기는 일에 자신을 드렸다.

　예수님이 자신의 생명을 인간을 섬기는 일에 주시지 않았다면 우리의 삶은 어떻게 달라졌을까요? 어떻게 하면 우리가 낮은 마음으로 주위 사람들을 섬길 수 있을까요? 우리 삶을 의미 있게 해주신 예수님의 섬기심에 감사하고, 우리도 다른 사람을 그렇게 섬길 수 있게 해달라고 기도합시다.

Day 7

자아 점검

빌립보서 2:10

하늘에 있는 자들과 땅에 있는 자들과 땅 아래 있는 자들로 모든 무릎을 예수의 이름에 꿇게 하시고

영화 "왕과 나"에 나오는 영국 출신 영어 선생은 모든 사람이 왕의 존전에서는 꿇어 엎드려야 하는 문화에 적응해야만 했다. 아무도 왕의 머리보다 높아선 안 되었던 것이다. 그러나 그 영어 선생은 경배나 복종의 의미로 꿇어 엎드리는 이 행위를 도저히 따를 수가 없었다. 아마도 그 여선생은 이 관습이 품위를 손상시킨다고 느꼈을지도 모른다. 어쨌거나 유럽인들은 머리를 숙여 인사하는 정도면 충분히 존경을 나타낸다고 생각한다. 하지만 무엇보다도 그녀의 자아가 그 왕에게 경의를 표하는 그런 방식을 거부했던 것이다.

인간의 본성 중에는 남을 높이는 것에 저항하는 무엇이 있다. 우리는 우리 자신이 높임 받기를 더 좋아한다. 하지만 언젠가 모든 사람이 — 그 사람의 자아의 크기에 상관없이 — 성자 하나님께 깊은 경외를 돌릴 것이다. 실제로 성경은 "주께서 이르시되 내가 살았노니 모든 무릎이 내게 꿇을 것이요 모든 혀가 하나님께 자백하리라"(사 45:23; 롬 14:11)고 하셨다.

상사에게 존경을 표하는 것이 어려웠던 적이 있습니까? 그런 적이 있었다면 이유는 무엇입니까? 그런 권위에 대한 당신의 태도가 어떠해야 할지 말해 보십시오. 당신 위에 있는 이런 권위에 대한 당신의 태도가 그리스도와의 관계를 제시해 줄지도 모릅니다. 오늘, 당신의 기도 속에서 주님이 받아 마땅한 경배를 주님께 돌리십시오.

묵상. 제4과 들어가기 전에

Day 8

태도 점검

빌립보서 2:5

너희 안에 이 마음을 품으라 곧 그리스도 예수의 마음이니

    태도는 모든 것을 바꾸어 놓는 손에 잡히지 않는 것들 중의 하나다. 방을 깨끗하게 치우라는 어머니의 말에 눈을 굴리고 한숨을 쉬며 "네, 어머니"라고 대답하는 아이가 있는가 하면, 서둘러 "네, 어머니!"라고 대답하는 아이도 있다. 그들의 대답은 똑같지만 이면의 태도는 매우 다르다.

    예수님에겐 종이 되는 것이 그리 큰 문제가 아니었다. 그분은 언제나 올바른 태도를 가지셨다. 십자가 상에서 "아버지, 그들을 구하여 주십시오. 그들이 자격이 없더라도 구하여 주십시오"라고 하지 않으셨다. 대신 "아버지, 그들을 용서해 주십시오"(눅 23:24)라고 하셨다. 예수님의 태도는 바른 생각 위에 기초하고 있었다. 예수님은 무엇이 정말 중요한지 알고 계셨다. 그리고 성자의 위치나 자존심을 바라보지 않고 그에게 맡겨진 과업을 받아들였다. 그의 눈은 오직 성부 하나님이 자신에게 주신 그 목적을 완수하는 일에만 고정되어 있었다.

    삶을 바라보는 당신의 태도는 당신을 향한 하나님의 목적을 완수하는 데 기초하고 있습니까? 하나님을 위해 무엇을 할 것인가보다 삶에서 무엇을 얻을 것인가에 맞추어져 있지는 않습니까? 하나님을 기쁘게 하는 생각과 행동에 당신의 생각을 재조정할 수 있도록 기도하면서 당신의 태도가 어떻게 변화해 가는지 지켜보십시오.

마음을 다하여 섬기는 것

에베소서 6:7-8

기쁜 마음으로 섬기기를 주께 하듯 하고 사람들에게 하듯 하지 말라 이는 각 사람이 무슨 선을 행하든지 종이나 자유인이나 주께로부터 그대로 받을 줄을 앎이라

혹자는 바울의 가르침이 그리스-로마 노예들에게는 무척 어려운 교훈이라고 여길 수도 있을 것이다. 왜 노예들의 주인에게 그들을 놓아주라고 말하지 않고 대신 노예들에게 그들의 주인을 마음을 다하여 섬기라고 말했을까? 어떻게 노예들에게 그들의 주인을 주를 섬기듯 섬기라고 했을까?

바울은 여기서 노예제도의 윤리성을 방어하거나 거부하는 것과 같은 그의 입장을 표명했던 것이 아니라 그리스도를 따르는 자들을 격려하고 가르치는 것에 목적이 있었다. 크리스천들이 그들의 신분 고하를 막론하고 하나님께 최선을 다하도록 가르치는 것이 목적이었다. 정말 하나님께서는 우리의 봉사와 성실을 보상해 주신다. 사악한 주인 밑에서 일하는 노예일지라도 그의 주인을 잘 섬기면 그것은 하나님 보시기에 옳은 것이다. 열심히 일하고 종으로서 섬기는 태도는 그것이 밝혀지는 어디에서나 보상을 받는다.

충성스런 종으로서의 자질은 어떤 것이라고 생각합니까? 당신은 상사를 섬기는 데 이러한 자질들을 얼마나 잘 나타내고 있습니까? '마음을 다해' 봉사하는 것이 크리스천들이 실천해야 할 자세로서 왜 그렇게 중요합니까? 이번 주 당신의 태도와 행동 가운데 하나님의 도우심이 있도록 기도합시다.

리더를 따라

에베소서 6:4, 9

또 아비들아 너희 자녀를 노엽게 하지 말고 오직 주의 교훈과 훈계로 양육하라, 상전들아 너희도 그들에게 이와 같이 하고 위협을 그치라 이는 그들과 너희의 상전이 하늘에 계시고 그에게는 사람을 외모로 취하는 일이 없는 줄 너희가 앎이라

때때로 우리는 따라가는 자가 아닌 이끄는 자의 위치에 서기도 한다. 그렇다면 어떻게 하나님이 기뻐하시는 방법으로 남을 이끌 수 있을까?

성경은 남을 섬기는 자세뿐 아니라 남을 이끄는 리더십에 대해서도 지혜와 명령을 주신다. 모든 가정의 아버지들과 종을 다스리는 주인들에게 하나님은 똑같은 말씀을 하신다. '과장하지 말고 위협하지 말라.' 남을 위협하고 공갈로 두렵게 하는 것은 무력을 사용하여 감정적으로 지배하려는 것인데 많은 리더들이 이런 방법을 선택한다.

하지만 하나님은 교훈과 올바른 훈계로 리드하는 지도자를 원하신다. 수긍이 가는 기대치를 설정하고 결과를 기대하며 사람들의 신뢰를 얻는 것은 리더로서 필요한 좋은 자질들이다. 두려움으로 남을 지배하는 것은 좋은 리더십이 아니다. 그런데도 대부분의 리더와 부모들이 규율로 다스리려고 하는 것은 이런 것이 사용에 빠르고 쉽기 때문이다.

성자 하나님은 성부 하나님의 뜻을 기쁜 마음으로 행하셨다. 성경이 기록하고 있는 그분의 리더십은 그리스도를 따르는 우리가 어떤 리더가 되어야 하는지를 잘 보여 준다. 그리스도의 리더십의 요소는 지혜, 선한 양심, 그리고 사랑이다. 오늘날의 리더로서 우리는 예수님이 보여 주신 본으로부터 배우는 지혜가 있어야 한다.

위협적인 방법으로 굴복게 하는 상황으로 리드당한 경우를 말해 보십시오. 그때 당신은 어떤 반응을 했습니까? 혹시 예수님의 리더십 즉 지혜, 선한 양심, 그리고 사랑으로 이끄는 리더 밑에 있었던 적이 있습니까? 있다면 이런 리더에 대해 당신은 어떻게 반응했습니까? 예수님 같은 리더가 될 수 있도록 구하십시오.

Father, Son, Holy Spirit Tri God

삼위일체 하나님이 하시는 일
삼위 하나님의 역할 발견

신명기 32:6; 히브리서 1:1-2; 창세기 1:2; 요한복음 3:5-8,16, 14:9-11; 빌립보서 2:5-11

제4과

이 세상 모든 사람이 다 컴퓨터 프로그래머라고 상상해 보라. 컴퓨터 프로그래밍은 좋은 직업이다. 사람들은 다 봉급을 많이 받는 직장을 좋아한다. 문제는 컴퓨터 프로그래밍도 좋지만 세상에는 이보다 훨씬 더 해야 할 일들이 많다는 사실이다. 누가 병자를 치료할 것인가? 누가 길을 고칠 것인가? 누가 쓰레기를 주울 것인가? 우리 인생은 여러 가지 역할들로 가득하다. 세상의 하루를 돌아가게 하기 위해서는 수천 분야의 일들이 필요하다.

성부, 성자, 성령 또한 다른 역할을 가지고 있다. 하나님의 일은 다면체로 이루어지며 성경은 거기에 지시와 조직체계가 있는데 삼위일체라고 하는 세 하나님이 보완 관계에서 함께 일하시는 것을 보여 준다.

• **들어가기** Start It Up

세상이 제대로 유지되기 위해서는 크고 다양한 분야의 일들이 필요하다는 것을 생각해 보라. 그 분야의 역할들을 위하여 수많은 사람들이 있고, 거기에 딸린 가족들, 또 그 분야를 전문적으로 다루는, 그 자리에 꼭 있어야 할 사람들이 일하고 있다.

1. 매일 우리가 차를 몰기 위해서는 어떤 분야의 어떤 직종들이 요구되는지 상상이 되는 대로 적어 보십시오.

   ----

2. 당신이 어른이 되면 어떤 직업을 가지려고 했습니까? 그것을 지금의 일과 비교해볼 때, 어떻습니까?

• 펼치기 Talk It Up

하나님이 단독으로 일하시는 것처럼 보일지 모른다. 하나님은 신이시고 오직 한 분만 계신다. 그렇지만 실제로는 성부, 성자, 성령이 각자 다른 역할을 가지고 있으며 다른 과제를 가지고 계신다. 창조와 구원 사역에 있어서 성부, 성자, 성령이 맡아 하시는 일은 각각 다르다.

창조에 있어서의 삼위일체

신명기 32:6

창세기는 하나님이 인간을 창조하셨음을 간단하게 기록하고 있다. 이 구절을 명확하게 이해하지 않으면 여기서 말하는 하나님이 성자 하나님일 수도, 성령 하나님일 수도 있다. 하지만 이 구절은 창조주는 성부 하나님이신 것을 분명히 보여 준다.

히브리서 1:1-2

히브리서 1장 1-2절은 신명기 32장 6절과 모순되어 보인다. 만일 하나님이 세상을 창조하셨다면 어떻게 예수를 통해 세상이 만들어졌다고 말할 수 있는가 말이다. 그런데 둘 다 진리이다. 여기에 바로 삼위일체의 각각의 역할이 있다. 성부가 이 세상을 창조하셨는데 그것은 성자를 통해서 창조하신 것이다. 요한복음 1장 3절과 골로새서 1장 16절이 이 사실을 확인시켜 준다. 말하자면 성부가 말씀하시고 성자가 그 창조를 실행하셨다고 할 수 있다. 성부는 명령하셨고 성자는 그대로 우주 창조를 실행하셨다.

창세기 1:2

하나님의 영 또한 창조 시에 계셨고 그 창조에 동참하셨다. 따라서 삼위일체 세 하나님이 창조 시에 동일하게 계셨다.

3. 주어진 일을 완성하기 위해 다른 사람과 동역해야 했던 프로젝트나 과제가 있었습니까? 그때 경험한 팀워크가 팀 멤버 간의 결속을 어떻게 향상시켜 주었습니까?

삼위일체와 구원 사역

많은 신자들이 예수님은 사랑하는 예수님이고, 하나님은 엄격한 하나님이라고 생각한다. 자신의 아버지에게 큰 사랑을 갖고 있지 않은 사람들이 이런 잘못된 생각과 씨름할지 모른다.

요한복음 3:16

4. 성부 하나님은 이 구절에 의하면 어떤 역할을 하셨습니까? 이 구절이 당신이 갖고 있는 하나님의 사랑에 대한 견해에 어떤 영향을 미칩니까?

---

5. 요한복음 3장 16절에 나와 있는 성부와 성자의 구원 사역은 천지 창조 때 성부, 성자의 역할과 비교해 보면 어떻습니까?

　예수님을 이 땅에 보내신 것이 성부 하나님의 사랑이라는 것을 깨닫는 것은 아주 중요하다. 하나님에 대한 균형잡힌 시각을 갖자면 성부, 성자, 성령의 사랑을 이해할 필요가 있다. 성자의 사랑엔 조금도 의심의 여지가 없다. 왜냐하면 우리를 위해 죽으셨고 인간의 죄, 바로 나와 당신의 죄를 위하여 대신 십자가를 지셨기 때문이다. 하지만 성자를 보내는 것은 하나님의 계획이셨다.

　예수님은 이 사실을 여러 차례 강조하셨다. 요한복음 5장 36절 같은 곳에서도 '아버지께서 나를 보내셨다'고 말씀하신다. 성부께서는 아들에게 그가 이루도록 사명을 주셨다. 예수님의 사랑의 배후엔 성부 하나님의 사랑이 있다.

요한복음 14:9-11

　예수님은 삼위일체 내의 상호 보완 작업을 드러내셨으나 더 분명하게 요한복음 14장에서 재차 명확히 하셨다. 단지 성부께서 아들에게 지시를 내리는 명령적 역할이 아닌, 성부, 성자 두 분은 지극히 밀접하게 결속되어 있다. 이것은 "나를 본 자는 아버지를 보았거늘" 또는 "내가 아버지 안에 거하고 아버지는 내 안에 계신 것"이라고 하신 예수님의 말씀 중에 드러난다. 10절에 "아버지께서 내 안에 계셔서 그의 일을 하시는 것이라"는 말씀과 갈라디아서 2장 20절에 나오는 그리스도 안에 있는 새 생명에 대한 말씀 "이제는 내가 사는 것이 아니요 오직 내 안에 그리스도께서 사시는 것이라"는 두 말씀 속에 있는 유사성에 주목하라.

6. 이 구절을 읽으면서 성부와 성자에 대해 가졌던 견해가 어떻게 바뀌었습니까? 삼위일체 각각의 하나님이 하나라고 하는 더 깊은 이해에 이르기 위하여 당신의 생각 중에서 바뀌어야 할 것은 무엇입니까?

요한복음 3:5-8

예수님은 성령을 바람에 비유했다. 바람은 눈에 보이지 않지만 그 효과를 볼 수는 있다. 나뭇잎이 흔들리고 구름이 둘둘 말리고 먼지가 일어난다. 이런 일들의 원인이 눈으로 보이진 않지만 바람 때문이라는 것을 우리는 안다.

성령은 삼위일체 중에서 우리의 이해가 가장 덜한 부분일 것이다. 이유는 성령은 뒤에서 하나님과 그 아들을 영화롭게 하시기 때문이다. 성령은 자기 자신을 세우지 않는다.

하지만 성령의 역사하시는 부분이 없이 우리가 죽어서 구원받아 천국에 들어가지는 못한다. 성부께서 계획을 세우셨고 그 구원 사역을 성자에게 지시하셨다. 성자는 그 구원 사역을 실행에 옮기셨다. 그리고 성령은 그 사역을 완성하셔서 성자에 의해 가능해지는 영적 삶을 우리에게 주시고 유지시키신다. 간단히 말해 이렇다.

성부는 왕, 성자는 왕의 명령을 수행하는 기관, 그리고 성령은 그 명령을 완성하고 유지하는 기관이다. 여러 성경구절이 성부 성자가 그렇듯이 믿는 자 안에 거주하시는 성령을 나타내고 있다(예를 들면 롬 8:9; 고전 3:16).

7. 당신의 생명을 그리스도께 드리고 그리스도를 따르는 자가 되면 그 순간 성령은 당신 속에 들어오십니다. 당신이 이미 이런 결정을 한 사람이라면 지금 성령의 임재를 느끼고 있습니까? 성령이 거기 계시다는 것을 알기 위하여 당신의 삶과 목표에서 바뀌어야 할 것은 무엇입니까?

삼위일체와 자발적인 복종

성부가 왕이고 성자와 성령이 기관이라면 성부가 가장 으뜸이어야 할 것이다. 그런데 아니다. 왜냐하면 각각의 맡은 바 역할에 우열이 없기 때문이다.

빌립보서 2:5-11

예수님은 바로 하나님이시다. 그는 조금도 성부 하나님보다 못하지 않으시다. 그들은 서로 함께 하나이시요 성령과도 서로 함께 하나이시다. 하지만 예수님은 하나님과 동등함을 취하지 않으셨다. 그는 이 땅에 내려와 인간으로 사시는 것을 거부하지 않으셨다.

인간이 되어 인간들의 죄를 위하여 죽으라는 성부의 명령에 대한 예수님의 순종은 결과적으로 성부와 성자에게 큰 영광이 되었다. 예수님은 이 땅에서 산 어떤 인물보다도 사랑하는 사람으로 알려져 있다. 성자 하나님은 이 우주에서 가장 자기를 내세우지 않는 사람이다. 사랑 때문에 가장 작은 자가 되신 가장 크신 분이다. 이 사실 역시 성자에게 인류를 구하라는 명령을 내리신 성부를 영화롭게 한다.

성부께서는 아들을 보내신 것과 똑같이 성령을 보내셨다. 이것을 요한복음 14장 26절에서 예수님이 설명하셨다. 성자와 성령이 하시는 일은 자원해서 하시는 일이다. 성자와 성령이 성부보다 못해서 복종하는 것이 아니라 지혜로 말미암아서이다. 어느 사회에서든지 이 삼위일체의 원리가 작용한다. 명령을 내리는 리더가 있고, 명령을 수행하는 기관들이 있다. 하나님의 큰 사랑 안에서 이것은 군주 독재적인 명령이 아니라 기꺼운 마음으로 맺는 신뢰와 목적의 관계이다. 성부, 성자, 성령은 통합된 하나를 만들어 내기 위한 목적을 공유하신다.

똑같은 원리로, 인간 사회에서 리더가 그를 따르는 구성원들보다 언제나 재능이 더 많은 것은 아니다. 리더가 다른 사람들보다 뛰어난 것은 아니다. 우리는 모두 하나님께 똑같이 중요하다.

8. 사람들이 왜 리더는 뛰어나다고 생각합니까? 어떤 일들이 모든 사람을 공평하게 해줍니까?

---

9. 하나님의 삼위일체가 보여 주는, 좋은 리더에게 중요한 성품은 무엇입니까? 그리고 따르는 자로서 가질 중요한 성품은 무엇입니까?

---

10. 우리가 자원하여 복종하는 것을 어렵게 하는 것은 무엇입니까?

• **올려드리기** Lift It Up

　하나님이 삼위일체 가운데 계시듯이 우리도 사회 가운데 존재한다. 최고의 실존자, 삼위일체 안에 권위와 목적에 의한 지시가 있다면, 우리 또한 지시를 받아야 함은 두 말할 필요가 없다. 정도는 다르겠으나 대부분의 사람들이 리더 아래 있고 또 돌아가면서 다른 사람들에 대하여 리더십을 갖기도 한다.

　성부, 성자, 성령의 역할을 깨닫는 것은 우리가 하나님을 음미하는 데 도움이 된다. 하나님 아버지의 사랑을 깊이 파 들어가면 갈수록 우리가 이해할 수 있는 것보다 더 깊음을 본다. 하나님의 깊은 사랑이 우리를 가르칠 뿐 아니라 우리를 위로한다. 사랑은 성 삼위일체 하나님에게 모든 사역의 동기이다.

11. 우리는 가정에서, 직장에서 그리고 교회에서 한 팀의 일원입니다. 하나님이 주신 당신만의 재능을 그 각각의 팀의 목적을 수행하는 데 사용하기 위하여 당신에게 어떤 변화가 필요합니까?

　서로를 높이며 하나님의 깊은 사랑을 아는 데 초점을 맞추고 다른 사람들과의 관계 속에서 삼위일체 하나님의 사랑을 반영하는 것을 배워야 한다.

나의 기도 요청

그룹의 기도 요청

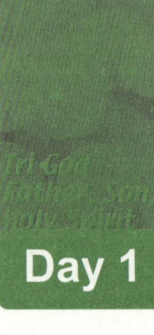

우리를 초월해 계시는 분

이사야 57:15

지극히 존귀하며 영원히 거하시며 거룩하다 이름하는 이가 이와 같이 말씀하시되 내가 높고 거룩한 곳에 있으며 또한 통회하고 마음이 겸손한 자와 함께 있나니 이는 겸손한 자의 영을 소생시키며 통회하는 자의 마음을 소생시키려 함이라

우리 중에는 신비감을 느끼게 하는 사람들이 있다. 보통 사람들에게서는 느낄 수 없는 신비스런 기운을 자아내는 사람 말이다. 그 사람과 가까이 있는 것만으로도 마치 큰 존재 앞에 있는 것처럼 느껴진다. 아마 당신이 만났거나 아는 사람 중에도 이런 사람이 있을 것이다.

하나님은 눈에 보이지 않지만 만약 인간의 눈으로 볼 수 있다면 분명 당신은 편치 않을 것이다. 그분의 위엄과 완전하심이 당신으로 하여금 그분 앞을 꺼리게(self-conscious) 만들 것이다. 하나님의 신비하심 중의 한 면은 그분이 영원히 존재하신다는 점이다. 하나님의 존재는 우리의 표현을 빌자면 태곳적 그 이전이다. 다시 말해 마침이 없이 영원하다는 의미이다. 그분의 이름이 거룩하시고……그분의 성품이 거룩하시고……그분이 계시는 처소가 거룩하시다……. 하나님에 대한 모든 것은 우리를 초월하시어 그저 어마어마할 뿐이다.

우리의 세월은 그분에 비하면 유년에 불과하지만 그분은 모든 것보다 오래다. 우리는 넘어질 불완전한 인간에 불과하지만 그분은 모든 이해를 넘는 완전이시다. 그런데 이 모든 것의 하나님이심에도 불구하고 그분은 우리와의 관계를 원하신다. 겸손한 영혼으로 그분을 하나님으로 받아들이는 사람과의 관계를 원하신다.

하나님의 존재의 위엄을 감지했던 때의 경험을 적어 보십시오. 하나님의 엄위하심이 어떠신지 묵상하고 그분이 하나님이심을 인하여 그리고 얼마나 나를 사랑하시는지를 인하여 감사합시다.

Day 2

영원히 영광받으실 분

베드로후서 3:18

오직 우리 주 곧 구주 예수 그리스도의 은혜와 그를 아는 지식에서 자라가라 영광이 이제와 영원한 날까지 그에게 있을지어다

어떤 사람이 한 국가의 원수나 총리가 되면 한동안의 영광이 있다. 고위직의 리더들이 비행기에서 내릴 때마다 공항에는 많은 사람들이 나와 기다리고 있다. 그것이 의전 행사일 때는 그 사람에 대한 경의의 표시로 사람들이 도열해 있다. 하지만 그 사람의 통치가 끝나면 이 모든 영광도 끝난다.

성자 예수님께 임하시는 영광은 영원히 지속된다. 천만년 후 무수히 많은 믿는 자들과 천사들이 그때도 여전히 예수님께 영광을 돌리고 있을 것이다. 아무도 지치지 않을 것은 주님께 드리는 우리의 경외가 시들지 않기 때문이다. 예수님께 대한 믿는 자의 열정은 영원하다.

사도 베드로는 우리가 영원의 시점이 아닌 바로 지금, 예수님의 은혜와 그 지식 가운데 자라가기를 권면한다. 천국에서 예수님을 경험할 때까지 기다릴 필요가 없다. 지금 이 땅의 삶에서도 주님을 친밀히 알기를 원하는 것이다.

당신의 삶에서 사라져 버릴 흥미와 열정의 목록을 만들어 보십시오. 그런 다음 왜 예수님께 대한 열정은 끝이 없을지 그 이유를 써 보십시오. 예수님의 은혜를 당신 삶에 부어 주시기를 구하고 그분에 대한 개인적인 지식과 경험을 더해 주시기를 구하십시오.

영원하신 팔

신명기 33:27

영원하신 하나님이 네 처소가 되시니 그의 영원하신 팔이 네 아래에 있도다

우리가 다 다른 가족을 가지고 있을지라도 우리의 부모님은 뇌성이 치는 동안, 악몽에서 깨어난 다음, 혹은 인생의 역경에서 우리의 피난처가 되어주었을 것이다. 우리를 사랑하고 지키는 어머니, 아버지가 다 훌륭하지만 우리의 부모가 영원한 안식처가 되지는 못한다. 우리 모두 부모님의 죽음을 경험할 것이다. 부모님의 보살핌은 결국엔 하나의 추억이 될 뿐이지만 영원한 안식처에 대한 그림을 우리에게 제공해 주기는 한다.

하나님은 언제나 똑같으셨고 똑같으실 것이다. 변함없이 사랑하시며, 우리가 의지할 만하며 또 강하신 하나님이다. 하나님은 우리가 지금까지 찾아온 안식처이다. 우리는 언제나 이분을 향할 수 있다. 하나님은 당신의 삶에 개인적으로 관여하신다. 하나님의 양팔은 당신을 붙들고 당신을 위로할 자세를 취하고 계신다. 인생의 역경속에서 당신이 그분을 향하고 위로와 강한 힘을 얻기를 원하신다.

위로와 보호를 찾아 부모님을 의지했던 추억들을 써보십시오. 기도 가운데 하나님의 영원하신 위로와 보호를 감사합시다. 하나님의 임재가 당신에게 실제적이 되도록 구하십시오.

Day 4

영원부터 영원까지

역대상 16:36

여호와 이스라엘의 하나님을 영원부터 영원까지 송축할지로다 하매 모든 백성이 아멘 하고 여호와를 찬양하였더라

수학 시간에 교수는 칠판에 한 점을 찍었다. 그 점으로부터 오른쪽으로 선을 그은 뒤 그 선 끝에 화살표를 그렸다. 이것은 무한대를 의미한다.

하나님의 무한대의 시간적 연속은 그 교수가 그린 무한대 기호가 설명할 수 있는 것을 넘는다. 왜냐하면 하나님의 화살표는 양 방향으로 뻗어 있기 때문이다. 그는 영원한 시간을 존재해 오셨으므로 왼쪽을 가리키는 화살표는 영원 전부터의 과거를 의미한다. 그리고 또 한 방향의 영원, 즉 오른쪽을 가리키는 화살표는 미래의 영원하심을 의미한다.

항상 계셔왔고 언제나 계실 성 삼위일체, 얼마나 놀라운가! 모든 것이 있기 전에 하나님이 계셨고, 그 하나님이 모든 것을 창조하셨으며, 창조하신 모든 것을 무한한 능력으로 붙들고 계신다는 것을 아는 가운데 우리는 큰 위로를 얻는다.

당신에게 최초의 기억을 적어 보십시오. 성경 외에 당신이 아는 최초의 역사적 사건을 적어 보십시오. 이 모든 사건들이 있기 영원 전에 이미 계셨던 하나님께 우리의 찬양을 드립시다.

Day 5

과거의 영원성

시편 90:2

산이 생기기 전, 땅과 세계도 주께서 조성하시기 전 곧 영원부터 영원까지 주는 하나님이시니이다

    책은 하나의 문장으로 시작한다. 영화는 한 장면으로 시작한다. 삶은 출생으로 시작한다. 우리는 물질세계나 시간이나 공간이나 사람이 없는 상태를 상상할 수 없다.

    하지만 하나님은 존재하셨고 완전히 충만하셨고 아무것도 없었던 때, 거기에 오직 삼위일체께서 계셨다. 아무 물질도 없었다. 공간도, 높이도, 너비도, 깊이도 아무것도 없었다. 하지만 하나님은 하나님이셨다. 단 하나의 실존—모든 것이 그로부터 존재하게 되는 하나님이 거기에 계셨다. 거기엔 시간이 없었다. 먼저 오고 나중에 오는 아무것도 없었다. 하지만 거기엔 하나님이 계셨다.

    하나님은 물질, 공간, 시간이 필요 없으셨고 당신의 크심에 대해 읽어 줄 인간 청중도 필요 없었다. 하나님은 이미 큰 실존이셨고 사람이 필요하지 않으셨다. 하지만 그분만이 아는 그 시간이 딱 되었을 때, 하나님은 당신과 나를 만드셨으며 우리가 아는 세상을 지으셨다. 정말 놀라우신 일은 하나님이 우리를 지으시고 우리를 기뻐하셨으며 그분의 무한하신 사랑을 부어주셨다는 사실이다.

공간도 시간도 없이 오직 하나님만 계신 것을 상상해 보십시오. 당신의 삶과 하나님의 놀라운 사랑에 대해 당신이 음미하는 바를 적어 보십시오.

Day 6

영원에의 동경

전도서 3:11

하나님이 모든 것을 지으시되 때를 따라 아름답게 하셨고 또 사람들에게는 영원을 사모하는 마음을 주셨느니라 그러나 하나님이 하시는 일의 시종을 사람으로 측량할 수 없게 하셨도다

기록된 것으로 가장 오래된 얘기는 아마 메소포타미아의 영웅 길가메쉬의 이야기일 것이다. 그는 영생을 찾는 일에 투쟁한 사람으로 깊은 호수 밑바닥으로 다이빙해 들어가서 한순간 영생을 손에 쥐었다. 독사가 그에게서 그 영생을 취해버리기 전까지 말이다.

영원을 사모하는 인간으로서 우리는 이런 상상 속의 인물을 떠올릴 수 있다. 인간은 수명 연장을 하기 위해 의학적 연구를 통해 여러 각도로 방법을 찾는다. 모험가들은 끊임없이 젊음이 샘솟는 분수를 찾는다. 우리의 창조주는 영원하시다. 그리고 바로 인간의 이 욕구를 우리 가슴에 넣어주셨다.

하나님이 우리를 창조하신 방법 때문에 이 세상의 것은 결코 우리를 만족시키지 못한다. 우리는 오직 우리의 충만을 우리의 본거지, 하나님에게서만 찾을 수 있다. 하나님은 이 세상을 아름답게 만드셨고 우리는 그것을 마음껏 즐겨야 한다. 그런데 곧 사라지고 말 이 세상의 것보다는 영원한 것들이 우리 마음에 자리잡아야 한다. 하나님이 영원을 통해 무엇을 준비하고 계시는지 우리는 추측조차 하지 못한다.

인생에 끝이 있구나 하고 당신이 최초로 실감한 경험에 대해 써보십시오. 당신이 영원한 것들에 대한 소망이 더해지도록 하나님께 구하십시오.

영원하신 사랑

예레미야 31:3

옛적에 여호와께서 나에게 나타나사 내가 영원한 사랑으로 너를 사랑하기에 인자함으로 너를 이끌었다 하였노라

간혹 사람들을 바라볼 때면, 그들이 지닌 무한한 가치는 보이지 않고 오직 흠과 티만 보인다. 예를 들어 예레미야서의 불멸의 사랑의 약속은 이스라엘 민족에게 주신 것으로 우리가 성경에서 읽는 바로 그 사람들-너무도 투덜대고, 모자라고, 하나님의 사랑과 구원에도 불구하고 너무나 많은 상황에서 하나님을 반역하기까지 하는-에게 주어진 것이었다.

실제로 우리는 사람들을 볼 때마다 그들의 결점을 본다. 하나님은 우리를 아시되 정말 있는 그대로의 우리를 아신다. 그럼에도 불구하고 우리를 그분과의 관계 속으로 이끄셨다. 우리를 창조하시기 전부터 말이다. 우리 하나하나는 시간이 시작되기 전, 이미 하나님의 계획 안에 있었다.

나 자신을 내가 어떻게 보건, 내가 무엇을 했건, 하나님은 결코 시들지 않는 영원하신 무조건적인 사랑으로 자신의 자녀를 사랑하신다. 정말 인자하심으로 하나님과의 관계 속으로 우리를 이끄시고 초대하신다. 하나님은 우리 하나하나를 소중히 여기시며 우리를 기뻐하신다. 하나님은 사랑이시기 때문이다. 다른 이유가 없다.

예수 그리스도를 믿기 전의 당신의 삶을 생각해 보십시오. 하나님이 당신의 삶에 역사하시고, 예수 그리스도를 믿도록 당신을 준비시키신 흔적들을 적어 보십시오. 하나님이 당신을 어떻게 더 깊은 관계 속으로 이끌어 가십니까? 하나님이 누구신지, 하나님이 얼마나 당신을 사랑하시는지 당신이 새로운 관점으로 바라볼 수 있도록 구하십시오.

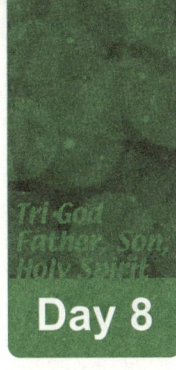

오래가는 것들

고린도후서 4:18

우리가 주목하는 것은 보이는 것이 아니요 보이지 않는 것이니 보이는 것은 잠깐이요 보이지 않는 것은 영원함이라

한 인기 있는 어린이 영화는 오래 빨아먹을 수 있는 캔디를 꿈꾼다. 오래된 광고 문구는 이렇게 말하곤 했다. "얼마나 오래 빨면 될까요? 롤리팝 막대기만 남도록?" 어린이들은 이렇게 대답할 것이다. "아무리 오래 빨아도 부족하지요. 우리는 영원히 빨아먹는 캔디를 원해요."

일시적으로 보고 만지는 것은 잘 기억되지 않는다. 그런 것들은 단지 잠시 동안만 우리에게 필요한 위로를 준다. 여기, 바로 지금 일어나고 있는 일 속에 우리를 포장하는 것이다. 우리는 우리 삶에 있어야만 하는 좋은 것들을 가지기를 동경한다.

하지만 우리는 믿음에 의해 보이지 않는 것이 더 오래가고 우리에게 더 필요하다는 것을 안다. 이 세상의 것들이 오래가지 않음을 우리는 본다. 우리의 삶, 경력, 인간관계들은 그저 한동안일 뿐이다. 하나님은 영원하시다. 우리는 무엇을 위해 투자할 것인가? 단기간? 아니면 장기간? 보이지 않는 실제를 보는 것이 우리에겐 점점 더 필요해지고 있다. 하나님께서 우리의 눈과 마음을 이렇게 오래가고 진정한 의미를 가진 것들을 향해 열어 주시기를 구해야 한다.

두 개의 표제를 가지고 리스트를 만들어 보십시오. 1순위: 일시적인 것 2순위: 영구적인 것. 당신의 삶을 하나님의 마음에 맞추는 지혜를 구하십시오.

영원한 집

고린도후서 5:1

만일 땅에 있는 우리의 장막 집이 무너지면 하나님께서 지으신 집 곧 손으로 지은 것이 아니요 하늘에 있는 영원한 집이 우리에게 있는 줄 아느니라

세상에는 우리 몸, 성경에서 말하는 땅에 있는 장막 집을 돌보는 것에 대한 수많은 베스트셀러들이 있다. 그런데 영원히 지속되는 중요한 문제를 다루는 것에 대한 베스트셀러는 드물다. 음식을 먹고 운동을 하는 것, 좋다. 하지만 경건은 더 좋다. 젊음을 영원히 유지하는 사람은 아무도 없다. 하지만 육신 안에 있는 영의 세계를 어떻게 관리하느냐에 따라 영원한 차이가 만들어진다. 세월이 흐르면서 우리의 몸은 우리가 원하는 모습과는 다른 모양으로 변해가지만 우리가 영원히 하나님과 함께라는 사실을 기억하는 것은 매우 중요하다.

하나님은 또 다른 건물, 또 다른 장막을 우리를 위해 가지고 계신다. 우리가 죽으면 우리는 하나님과 함께 있을 것이다. 어느 날, 하나님은 죽은 자들을 일으키시고 우리에게 새 몸을 주실 것이다. 그 날엔 멋지게 보이기 위한, 건강해지기 위한 다이어트도 화려한 옷도 다 필요없다. 이 땅의 장막 집, 즉 우리 몸을 돌보는 것, 중요하다. 하지만 진정한 우선순위는 내면의 우리가 누구인지, 그것을 개발하는 것이다.

우리 몸을 개선하는 데 필요한 조치는 어떤 것인지 적어 보십시오. 이와 동일하게 영원한 좋은 것을 위해 몸을 사용할 수 있는 실제적 조치는 무엇인지 적어 보십시오. 하나님께서 마음속에 새롭게 조절이 필요한 부분을 보여주시도록 구하십시오.

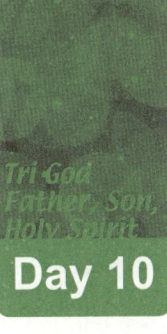

Day 10

영원한 위로

데살로니가후서 2:16

우리 주 예수 그리스도와 우리를 사랑하시고 영원한 위로와 좋은 소망을 은혜로 주신 하나님 우리 아버지께서

혹시 아이비 식물의 독을 경험한 적이 있는가? 경험한 적이 있다면, 아마 그 가려움을 가라앉히기 위하여 캘러민 로션을 사용했을 것이다. 문제는 그 로션이 가려움증을 가라앉히는 것은 극히 일순간이라는 것이다. 아마 그 로션으로 목욕이라도 하고 싶었을지도 모르겠다.

우리 마음을 영원한 위로로 감싸기는 쉽지 않다. 성경은 고통이 없고, 눈물이 없고, 고생이 없는 것에 대해 말하고 있다. 일시적인 것들은 일시적 위안을 준다. 그러나 영원하신 하나님은 영원한 위로를 주신다. 이 영원한 위로가 지닌 시간적인 의미는 이 땅의 삶의 길이와 비교해 볼 때 너무나 커서 바울이 성경 다른 곳에서도 말하기를 우리는 '경박과 순간적인 성정'이 문제라고 했다. 50년 징역살이 선고를 받았다고 할지라도 하나님 나라에서의 영원한 시간 중에 첫 천억 년의 삶과는 비교할 수 없다.

당신에게 위안이 되고 중요한 활동은 무엇입니까? 당신에게 위로가 될 하나님의 임재 가운데 사는 삶에 대하여 5가지를 써 보십시오. 하나님께서 당신에게 영원에 대한 시각과 하나님의 격려와 소망을 더해주시기를 구하십시오.

묵상. 제5과 들어가기전에

Father, Son, Holy Spirit | Tri God

삼위일체 하나님의 영원하신 사랑
하나님을 정의하는 말, 사랑을 내 가슴에

이사야 42:1-7; 마태복음 12:20; 요한복음 15:9, 17:24; 에베소서 1:4, 5:1-2 | **제5과**

    하나님은 혼자가 아니다. 결코 혼자이신 적이 없었다. 이것을 이해하는 것이 하나님의 목적을 파악하고 그것이 우리에게 어떻게 영향을 미치는지 이해하는 데 참으로 중요하다. 2과에서 토론한 대로, '나 중심적' 경향을 조심하지 않으면 하나님의 구원 계획의 중심이 우리인 줄로 생각할 수 있다. 하나님이 혼자이셨고 어떤 빈 곳을 채우기 위하여 우리가 필요하여 우리를 창조하셨고 구원도 하셨다는 생각 말이다.

    성부, 성자, 성령 사이의 사랑을 파고들어갈 때, 우리는 훨씬 더 깊은 진리에 도달하게 된다. 우리가 누구인지, 왜 우리가 여기에 있는지, 우리가 살아가야 할 길은 어떤 길인지에 대해 더 깊이 인식하게 된다.

• 들어가기 Start It Up

    영화와 책을 보면 거기엔 사랑에 이르는 수많은 형태들이 있다. 그 중에는 함께하지 못하는 '성취되지 않은 사랑'이 있는데 이런 사랑은 그 비애가 우리 마음을 아프게 한다. 다음엔 '우발적인 사

Tri God : Father, Son, Holy Spirit

랑' 이름하여 '첫눈에 빠지는 사랑'이다. 무척이나 많은 사람들에게 이 상표의 사랑이 어필하는 것은 아마도 그것이 가지고 있는 단순 명료함 때문일 것이다. 다음으로 '모든 적을 대항하는 사랑', 두 집안 간의 불화에도 불구하고 로미오와 줄리엣같이 사랑한 사랑도 기억하자. 마지막으로 사랑에 대한 또 하나의 앵글이 있으니 바로 '신실한 사랑'이다. 늙도록 기억에 남아서 결코 잊지 못하는 소중한 사람의 사랑스러움 같은 사랑이다.

1. 당신을 감동시킨 영화나 책의 러브스토리가 있다면 어떤 것입니까? 그 이야기의 어떤 점이 당신을 감동케 했습니까?

   ---

2. 당신에게 가장 영향을 미친 실제의 러브스토리는 무엇입니까?

• **펼치기** Talk It Up

이사야 42장 1-7절을 읽고 마태복음 12장 20절과 비교해 보기

3. 이사야 42장 1-7절 사이에 나오는 종(servant)이 예수님인 것을 확인할 수 있는 모든 것을 적어 보십시오.

　성부 하나님은 그 성자를 기뻐하신다. '종의 노래'로 불리우는 이사야 42장 1-7절은 그 종(servant)이라고 불리우는 한 인물에 대해 얘기하고 있다. 하나님께서 여기서 그 종이라고 하는 대상이 이스라엘 나라 그 이상을 말씀하고 계신 것임이 분명하다. 장차 이스라엘에서 태어나서 인간이 가질 수 있는 최고의 자리에 앉을 한 사람에 대해서 말씀하고 계신 것이다.

　이사야 42장 1절에서, 화자는 하나님이시다. 화자인 하나님이 말씀하시기를 그 종, 즉 예수님을 그가 기뻐하신다고 한다. 그가 그의 영을 예수님 위에 두리라고 말씀하신 다음, 화자인 성부 하나님, 예수님이 태어나시기도 전에 베들레헴에 계셨던 하나님은 그의 기쁨인 성자에 대해서 말씀하고 있다.

　예수님은 2000년 전에 덜커덕 베들레헴에 현존하러 오셨던 것이 아니다. 예수님은 성부와 이미 함께 계셨다. 성령이 성부와 항상 함께 계셨던 것처럼. 성부께서 성자를 기쁘게 여기시는 것은 당신의 속성을 성자가 함께 나누었기 때문이다. 공의, 온유, 충성, 인내, 온당, 의로움, 구제하는 사랑의 품성들이다.

4. '기쁨'은 사랑을 나타내는 힘찬 어휘입니다. 사람들과의 관계에서 기쁨을 의미하는 유의어로는 어떤 것이 있습니까?

---

5. 누군가를 돌보는 것과 누군가를 기뻐하는 것 사이의 차이를 만드는 것은 무엇일까요?

영원토록 사랑받고, 영원토록 사랑하고

요한복음 17:24, 에베소서 1:4

"태초에 말씀이 계시니라 이 말씀이 하나님과 함께 계셨으니 이 말씀은 곧 하나님이시니라"(요 1:1). 태초는 세상이 만들어지기 전, 시간의 시작점이다. 창세기 1장 1절에 "태초에 하나님이 천지를 창조하시니라"는 말씀을 했을 때, 예수님은 이미 거기 계셨다. 실제로 요한복음 1장 3절에서 말씀하신다 "만물이 그로 말미암아 지은 바 되었으니 지은 것이 하나도 그가 없이는 된 것이 없느니라." 골로새서 1장 16절과 히브리서 1장 2절은 예수님이 성부와 함께 창조의 주인이었음을 확증하고 있다.

아버지와 아들의 관계의 암시는 이사야 42장 1절에서도 엿보인다. 하나님께서 당신이 아들을 기뻐한다고 말씀하신 대목이다. 여기 요한복음 17장 24절에서 예수님은 세상이 창조되기 전 아버지께서 이미 그를 사랑하셨음을 말하고 있다. 하나님은 외롭지 않으셨고 지루하지도 않으셨다. 성부, 성자, 성령께서는 완벽한 관계를 향유하시면서 세 존재가 서로 관여하고, 사랑하고 삼위가 서로에 의해 충만하셨다.

6. 세상의 기초가 생기기 전 하나님을 그려볼 때, 어떤 장면이 연상됩니까?

---

7. 하나님께서 고독보다는 사랑의 선물로서 당신을 창조하셨다는 사실을 아는 것이 하나님과 당신과의 관계에 어떤 영향을 미칩니까?

넘치는 사랑

요한복음 15:9

크리스천들은 적어도 예수님이 우리에게 가지셨던 사랑의 어느 만큼은 터득할 수 있다. 십자가가 기어이 그 사랑을 확증했는데 이것은 잊을 수 없는 일이다. 우리가 때때로 미처 생각지 못하는 것은 그 아들이 우리에 대해 보여준 사랑 이전에 하나님이 그 아들을 얼마나 사랑하셨느냐 하는 것이다. 이것은 우리가 보통 인용하는 구절인 요한복음 3장 16절에도 명백히 나와 있다.

하나님, 즉 성부가 세상을 너무도 사랑하셔서 그 외아들을 주셨으니(단순히 '그가 가도록 허락한 것'이 아닌, 사랑으로 인해 그를 내주는 것) 사람으로 태어나게 하시고 우리를 위해 죽게 하셨다. 이와 동시에 우리에 대한 그 아들의 사랑 또한 지대하여 아버지께서 그를 보내시기로 결정하셨을 때, 기꺼이 이 땅에 오시기로 했다.

8. 하나님의 사랑에 대해서 생각할 때, 제일 먼저 성부가 생각납니까? 아니면 성자입니까, 성령입니까? 왜 그렇습니까?

---

9. 성부 하나님께서 그의 사랑을 당신에게 어떻게 보여 주었습니까? 성자 예수님은, 또 성령께서는 어떻게 보여 주었습니까?

영원한 사랑을 끌어안고 또 본받자

에베소서 5:1-2

하나님의 사랑을 우리 눈으로 볼 수 있는 것은 십자가 희생이다. 그래서 바울은 그리스도인들이 왜 사랑의 삶을 살아야 하는지에 대한 최고의 예로서 그리스도의 희생을 설명한다.

에베소서 4-5장에서 바울은 일치(unity)는 교회의 특성이 되어야 한다고 말한다. 교회의 일치는 사람들이 서로에 대하여 참고 겸허할 것을 전제로 한다. 교회엔 오직 하나님의 사람 한 사람만이 있음을 알 필요가 있다. 가지각색의 은사와 역할이 목적 안에서 하나가 됨을 받아들이는 것을 의미한다. 사랑이 있는 일치는 거짓, 거친 언어, 화 대신 용서와 긍휼을 품는 것이다. 이 말을 하는 가운데 바울은 5장 1절에서 "하나님을 본받는 자"가 되라고 말한다.

10. 하나님을 본받는 자가 되는 실제적인 방법에는 어떤 것이 있으며 교회의 일치에 기여할 수 있는 길은 또 어떤 것이 있습니까?

• **올려드리기** Lift It Up

우리는 하나님의 형상대로 만들어졌다. 하나님의 형상에서 지극히 중대한 부분은 사랑이다. 바르게 이해하자면 사랑은 가장 위대한 것이다. 사랑은 주기를 원하고 또 받는 것도 필요하다. 사랑은 곧 사랑의 관계 가운데 삼위로서 영원히 존재하시는 하나님을 정의하는 말이다. 이 사랑은 우리의 가정이, 우정이, 그리고 교회가 본받아야 한다.

11. 당신은 사랑하는 다른 사람들과 어떤 형태를 만들어가고 있습니까? 당신이 하나님을 본받도록 이 그룹이 어떻게 기도해주며 어떻게 용기를 줄까요?

기도 시간을 가지되 특별히 관계 속에서 하나님이 좋아하시는 형태의 사랑을 보여주는 것이 힘든 영역을 놓고 서로를 위해 기도한다.

나의 기도 요청

그룹의 기도 요청

가공할 주장

요한복음 5:18

유대인들이 이로 말미암아 더욱 예수를 죽이고자 하니 이는 안식일을 범할 뿐만 아니라 하나님을 자기의 친아버지라 하여 자기를 하나님과 동등으로 삼으심이러라

성경이 예수님이 하나님이라는 사실을 외칠 때, 우리가 이것을 믿는 것이 전적으로 어려운 것만은 아니다. 하지만 우리가 예루살렘 거리에서 예수님 바로 곁에 서 있었다고 한다면 이 주장을 그대로 다 받아들이는 것은 더 어려웠을 것이다.

안식일 법에 대한 논란에서 예수님은 무리에게 아버지께서 당신에게 친히 안식일에 대한 가르침을 주셨다고 말씀하신다. 모인 유대인들은 그 아버지가 누구인지를 알고 있었다. 뿐만 아니라 예수님이 하나님에 대하여 친아버지처럼 말씀하신다는 것도 알고 있었다. 그들이 볼 때, 나사렛 출신 목수 아들이 완전히 미쳐서 자신이 하나님의 아들이라고 주장하는 것이었다. 예수님은 그들의 눈에 거짓말쟁이, 사기꾼이었다.

예수님의 주장에는 증거가 있었다. 그는 기적적으로 사람들을 고치셨고 죽은 후에는 죽은 자 중에서 부활하셨다. 어떤 사람이 죽었다가 살아나는 능력을 가지고 있을 때 그 사람을 계속 미쳤다고 보기는 어렵다.

당신이 예수님을 믿게 된 증거나 믿게 된 후 믿음에 도움을 준 증거들이 있다면 어떤 것입니까? 주 안에서 당신의 믿음이 더 깊어지도록 예수님께 구하십시오.

Day 2

전적으로 의지

요한복음 5:19-20

그러므로 예수께서 그들에게 이르시되 내가 진실로 진실로 너희에게 이르노니 아들이 아버지께서 하시는 일을 보지 않고는 아무것도 스스로 할 수 없나니 아버지께서 행하시는 그것을 아들도 그와 같이 행하느니라 아버지께서 아들을 사랑하사 자기가 행하시는 것을 다 아들에게 보이시고 또 그보다 더 큰 일을 보이사 너희로 놀랍게 여기게 하시리라

삼위일체는 사람이 만들어낸 것이 아니다. 셋이 하나인 하나님 삼위일체의 온전한 진리를 소설로 꾸밀 수 있는 사람은 없다. 삼위일체의 진실은 심오한 신비이며 성경의 다른 내용들도 이 진리가 없이는 설명되지 않는다. 진실은 정말이지 만든 얘기보다도 더 기이하다.

성자 하나님은 영원한 과거로부터 존재해 있었다. 성자 하나님은 무한한 지혜와 강함이 있다. 하지만 혼자선 아무것도 하지 않으시고 오직 아버지께서 그에게 보여주시는 것만 행하신다. 삼위일체 안의 완전한 관계는 깊은 사랑에 기초하고 있다.

성부, 성자, 성령은 자아의 굴레에 묶여 있는 인간의 존재가 아니라 완전하고 영원한 세 존재가 하나로 통합되어 있는 통합체이다. 거기엔 비밀이 없고 전제군주적인 지배가 없으며 강요된 복종도 없다. 성자의 성부에 대한 의존은 온전한 사랑과 존경, 그리고 삼위일체 안의 신뢰로 말미암아 조금도 머뭇거림이 없는 완전한 의존이다. 예수님은 당신 스스로 일한다는 것은 생각조차 않으신다. 삼위일체 하나님은 하나로 완전히 통합되어 일하시는데 삼위가 각각의 고유한 역할을 수행하시면서 그렇게 하신다.

다른 사람들과의 관계(직장, 가정, 학교)에서 당신은 의지하는 것이 어렵습니까? 하나님의 선하심과 그 지혜를 신뢰하는 것이 어떤 부분에서 어려운지 적어 보십시오. 그 분야에 더 깊이 하나님을 신뢰하고 더 의존할 수 있도록 구합시다.

누구의 권한인가?

요한복음 5:22

아버지께서 아무도 심판하지 아니하시고 심판을 다 아들에게 맡기셨으니

우리는 흔히 성부 하나님에 대한 이런 시각을 가지고 있다. 거룩하고, 엄중하며, 자비심이라곤 없을 것 같은 재판관으로 천국 보좌에 앉아 계시는 분으로 말이다. 성부는 엄격하신 분으로, 성자는 용서하고, 사랑 많으시며, 매력적이신 분으로 생각하는 사람들이 많다.

성부, 성자, 성령은 각기 다른 격으로 한 실존 안에 거하는 한 존재이시다. 성부의 자비심은 성자의 자비심과 동일하다. 성부의 심판은 그 아들인 성자의 심판과 같다. 성부 하나님의 자비에 대해서는 요한복음 3장 16절에 나와 있다. 독생자를 주시기까지 성부 하나님은 이 세상을 사랑하셨다. 성자의 심판에 대해서는 요한복음 5장 22절에 나와 있다. 최후의 심판을 선언하실 분은 성부가 아니라 그 아들, 성자이다.

많은 이들이 성부, 성자, 성령에 대한 잘못된 이미지를 가지고 있다. 이런 이미지는 우리가 수년간 배워 온 것으로 우리가 접한 예술과 영화들을 토대로 만들어진 것이다.

'성부', '성자', '성령'을 머리말로 해서 세 개의 기둥을 만들고 삼위의 특징들을 적어 보십시오. 말하자면 긍휼, 공의, 치유, 분노, 다정다감, 무욕(selflessness), 능력, 신실, 그리고 엄중함 등을 가장 잘 어울린다고 생각되는 머리말 밑에다 써넣는 것입니다. 그리고 각각의 삼위 하나님이 이 모든 특성들을 다 가지고 있는 삼위일체 하나님으로 보이도록 구하십시오.

Day 4

참 예수가 일어날까?

요한복음 5:36

내게는 요한의 증거보다 더 큰 증거가 있으니 아버지께서 내게 주사 이루게 하시는 역사 곧 내가 하는 그 역사가 아버지께서 나를 보내신 것을 나를 위하여 증언하는 것이요

자신이 하나님이라고, 아니면 적어도 자신이 메시아-세상의 구세주-라고 주장한 사람들이 많다. 최근 10년 사이에 일어났던 일만 해도 두세 사람이 스스로 자신들이 신이고 메시아라고 주장했었다. 이 자칭 하나님, 자칭 구세주들에게는 추종자들이 있었고 그 추종자들 중에는 이들이 정말 그 주장대로 인류의 참 리더인 줄 믿으며 죽은 사람들이 많다.

예수님은 이런 가짜 메시아들과는 다르셨다. 그분은 말은 많이 하지 않으셨고 행함은 많이 하셨다. 그분은 예언을 성취하셨고 놀라운 표적을 행하셨다. 소경들이 시력을 되찾고, 앉은뱅이들이 일어나 걷고 죽은 사람이 되살아났다. 죄는 용서받았다. 조그마한 음식 바구니들이 거대한 무리를 먹이기 위하여 불어나고 또 불어났다. 예수님이 자신에 대해 주장하신 신성은 공허한 주장이 아닐뿐더러 우리 또한 증거 없이 믿으라고 하는 예수님의 말을 그대로 듣는 자들도 아니다. 물이 포도주가 되게 하고 광풍을 명하여 멈추게 하고 다스리신 인자(人子)는 바로 창조주 그 자신이시다.

친구가 만약 "왜 예수를 믿어야만 하는가?"라는 질문을 한다면 어떻게 대답할지 짧게 써 보십시오. 당신이 아는 사람 중에 그리스도를 모르는 사람들의 눈을 열어 주시도록 구하십시오.

당신은 최종 명단에 들었습니까?

요한복음 6:37

아버지께서 내게 주시는 자는 다 내게로 올 것이요 내게 오는 자는 내가 결코 내쫓지 아니하리라

당신은 무시당한 경험이 있는가? 아마 당신이 받아야 할 영예가 다른 동료 직원에게 넘어가 버렸거나 당신이 뽑혀야 할 팀에 다른 사람이 뽑힌 경험들이 있을 것이다. 당신이 일을 훌륭하게 잘 해낸 걸 아는데 어이없게도 당신의 이름은 불리지 않고 아무 평가조차 없이 넘어가 버린 일도 있을 것이다.

하나님과 함께 영원에 잇닿을 사람들의 리스트는 분명 방대할 것이다. 어떤 관료 기관이 이 리스트를 책임지고 있다면 당신의 이름이 혹시 빠지지나 않았나 분명 염려될 것이다. 하지만 하나님은 그 리스트를 아들 예수님께 주셨고, 아들 예수님은 성부로부터 받은 어떤 것도 잃어버리지 않는다. 이 세상이 창조되기 전, 하나님은 누가 이 리스트에 오를 것이며, 아들 예수께서 하나님이 아시고 세우신 것을 성취하시는 데 결코 실패가 없으리라는 것도 아셨다.

아버지와 아들은 하나이므로 우리의 생명을 예수님께 드리기만 한다면 우리 이름이 그 리스트에 적히리라는 것은 믿을 수 있다. 예수님은 당신을 잃지도, 내어쫓지도 않으신다고 약속하셨다. 그 방대한 무리 중의 한 사람 한 사람을 아시는 예수님의 이 약속은 우리 개인에게 얼마나 놀라운 격려인가!

당신이 그냥 무시당한 경우를 한번 떠올려 보십시오. 당신을 잊어버리지 않으신 하나님께 감사합시다.

영원으로 이끄심

요한복음 6:44

나를 보내신 아버지께서 이끌지 아니하시면 아무도 내게 올 수 없으니 오는 그를 내가 마지막 날에 다시 살리리라

사실 성부 하나님께서 우리를 삼위일체 하나님과의 관계로 이끄신다는 것을 모르는 사람들이 많다. 우리는 흔히 우리가 하나님을 바라면서 우리 자신의 이익이나 손해를 떠나서 행동하며 하나님을 향해 가고 있다고 믿는다. 아니면 믿는 가정의 자녀들로서 부모나 조부모로부터 전해지는 믿음의 전통을 그저 그대로 답습하면서 믿음대로 산다고 생각하는지도 모른다.

실제로, 삼위일체 하나님은 우리의 모든 배후에 계셨고 또한 계신다. 예수 그리스도에 대한 믿음을 우리가 정말 진지하게 생각하기도 전에, 성부 하나님은 우리를 이미 당신에게로 이끄시는 작업을 하셨다. 예수를 믿고자 하는 욕망을 창조하시는 이는 하나님이시다. 그리고 성부 하나님의 계획은 '죄에 대하여 세상을 책망하실'(요 16:8) 성령에 의해 이행되었다. 자연발생적으로 전혀 개연성 없이 이루어진 것 같아 보여도 하나님은 모든 순간에 계시면서 모든 순간에 일하신다.

하나님이 정말 당신을 돌보시며 당신 속에서 일하고 계신다는 것을 깨닫는 것은 당신의 신앙을 더욱 강하게 만들어 주며 이것은 또한 다른 사람에게 사랑을 보여주는 동기를 부여해 준다.

당신의 삶에서 하나님이 일찌감치 당신을 예수님께로 이끈 것을 돌아볼 수 있는 것으로는 어떤 것이 있습니까?

생명의 원천

요한복음 6:57

살아 계신 아버지께서 나를 보내시매 내가 아버지로 말미암아 사는 것같이 나를 먹는 그 사람도 나로 말미암아 살리라

하나님은 죽지도, 지루하시지도, 휴지 상태에 계시지도 않는다. 사람들이 간혹 하나님을 이렇게 생각하는 이유는 우리 인간에게는 눈에서 먼 것은 마음에서도 멀기 때문이다. 우리의 눈과 마음은 정말이지 눈으로 볼 수 있고 손으로 만질 수 있는 것에 붙들려 있어서 간혹 보이지 않지만 우리를 둘러싸고 있는 영적 사실들을 놓치게 한다. 성경은 하나님을 "살아 계신 하나님 아버지"라고 부른다. 이 하나님은 생명을 주신, 생생히 살아 계시는, 그리고 우리 삶에 적극적으로 개입하시는 분이며 우리가 삶에 짓눌려 뭉개져버릴 때조차 그 가운데 계시고 변함없이 관여하시는 분이다.

예수님은 뜻하지 않은 출생 때문에 이 세상에 오신 것이 아니다. 예수님은 자라가면서 내면의 신성을 깨닫게 된 천부적인 젊은 랍비가 아니다. 예수님은 시간이 있기 전에 이미 계셨다. 성부와 함께 계셨다. 성부는 그 아들을 세상에 보내시어 한 남자로 태어나게 하셨고 우리처럼 살게 하셨다. 그리고 성부 하나님은 그 아들 예수께 자기의 믿음을 두는 자에게 영원한 생명을 주셨다.

하나님께서 예수님의 삶 속에 살아 활동하셨던 것과 같이 당신의 삶 속에서도 살아 활동하신다. 하나님은 분명 당신을 위한 계획을 갖고 계시고 그 계획대로 살도록 이 순간도 인도하신다. 우리는 그분에 의해 창조되었으며 우리는 그분 때문에 산다.

Father, Son, Holy Spirit : *Tri God*

예수님이 어떻게 당신의 양식이며 생명의 원천입니까? 당신이 삼위일체에 의지하는 일들을 리스트를 만들어 보십시오. 성령께서 당신을 인도하여 생명의 원천이신 삼위일체 하나님께 기반을 두도록 구하십시오.

활동 중이신 성령님

요한복음 14:16

내가 아버지께 구하겠으니 그가 또 다른 보혜사를 너희에게 주사 영원토록 너희와 함께 있게 하리니

    일부 크리스천 중에는 성령이 내주하고 있다는 것조차 모르는 것 같은 사람들이 있다. 성령 하나님은 하나님께 속한 한 사람 한 사람의 마음속에 살고 계시며 우리 삶의 현장 배후에서 일하고 계신다. 그러면 어떻게 성령이 그곳에 계시는가?

    예수님이 성부께 기도하면서 성령 보내주시기를 구하셨다. 성령은 성자와 성부에 의해 보냄을 받았다. 완전하신 삼위일체 하나님은 우리의 영적 여행의 시작에서부터 온전히 하나님의 임재 앞에 서는 날까지 우리 안에서 함께 일하고 계신다. 성령은 우리의 "보혜사"라고 불리운다. 이 성령님은 우리를 도우시는 일에, 그리고 우리의 모든 경험 가운데 함께하시는 것을 진정 기뻐하신다. 성부는 우리에게 영원한 생명을 주시기 위하여 성자를 보내셨고, 성자는 성령을 보내어 영원에 이르는 여정 가운데 우리와 함께 걷게 하셨다.

    당신의 삶 가운데 성령이 임하시면 전혀 새로운 성품이 생긴다. 새 성품의 핵심은 새로워진 마음으로 경건한 욕구를 품게 될 뿐 아니라 이기적이고 부도덕한 욕구들이 불쾌해진다. 당신 속에 온유와 희생에 대한 열망이 있다면 그것은 당신 속에 성령이 역사하시는 증거이다.

당신이 그리스도를 따르는 자가 된 이후, 당신의 삶에서 발견하게 된 이전과는 다른 점들을 세 가지 이상 적어 보십시오.

Day 9

성령 – 강력하면서 겸손하신 하나님

요한복음 15:26

내가 아버지께로부터 너희에게 보낼 보혜사 곧 아버지께로부터 나오시는 진리의 성령이 오실 때에 그가 나를 증언하실 것이요

이 우주에서 가장 대단하고, 지적이고, 강력하며, 아름다우신 존재는 놀랍게도 겸손하시다. 우리 중에 누구라도 큰 도시에 유리와 강철로 된 나만의 성에, 거대한 힘과 부를 가지고 살고 있다면 그는 겸손과는 정말 거리가 멀 것이다.

성령님은 당신 자신을 내세우지 않으셨다. 그는 성자 예수님을 내세웠다. 아마도 이 때문에 크리스천들이 항상 예수님을 얘기하고 성령에 대해선 거의 얘기하지 않는지도 모른다. 성령 하나님은 자신을 설명해 보일 아무것도 없다. 그는 온전한 하나님이요 삼위일체 중의 한 분이시다. 하지만 그의 기쁨은 사람들에게 성자 그리스도 예수를 보여주는 것이다. 성령님은 자기 자신을 내세우지 않고 예수님을 내세운다. 왜냐하면 우리가 변화되기 위해서 바라보아야 할 대상은 아들 예수님이기 때문이다. 성령님은 자기 자신이 드러나고 안 드러나는 데는 전혀 개의치 않으시면서 영원을 위하여 우리의 삶을 배려하신다.

당신이 누군가를 도와주려고 할 때, 그로부터 좋은 말을 듣고 싶어하는 마음을 마다하기 어려운 이유는 무엇일까요? 어떻게 하면 성령님 같을 수 있을지, 어떻게 하면 사랑하는 이들에게 예수 그리스도를 보여줄 수 있을지 생각나는 대로 적어 보십시오.

당신의 삶 속에 있는 놀라운 힘

요한복음 16:7

그러나 내가 너희에게 실상을 말하노니 내가 떠나가는 것이 너희에게 유익이라 내가 떠나가지 아니하면 보혜사가 너희에게로 오시지 아니할 것이요 가면 내가 그를 너희에게로 보내리니

    예수님이 우리에게 성부와 성령에 대하여 쉬운 말로 설명하셨을 때조차도 이해하기가 어렵다. 예수님은 당신이 떠나야만 성령님이 오실 거라고 말씀하시는데 왜 예수님이 떠나셔야만 하는지 확실히 이해가 안 된다.

    우리는 예수님이 죽으셔야만 했던 것을 안다. 오직 그분의 죽음과 부활을 통해서만 우리는 하나님과 함께 생명을 가질 수 있다. 그리스도의 죽음과 부활만이 우리의 변화를 가능케 한다. 그리고 그리스도께서 우리 속에 일으키는 그 변화만이 성령 하나님을 우리 속에 거하시게 할 수 있다. 바로 지금 이 순간 예수님은 하나님의 우편에 앉아 계신다. 하지만 예수님이 누구인지를 알려주는 성령님은 우리 안에 계신다.

    성경은 성부와 성자 역시 우리 속에 계심을 가르쳐 준다. 여기엔 여전히 불가사의가 있다. 성령께서 우리 속에 내주해 계시기 때문에 우리 속에 예수님이 계시고 또한 하나님이 계시다는 삼위일체의 존재 방식은 인간에겐 여전히 미스터리다.

    당신이 느끼는 새로운 욕구는 성부, 성자, 성령 하나님께서 당신에 대해 원하시는 것이다. 옛 삶의 방식을 따라가면서 당신이 느끼는 불편한 기분은 성부, 성자, 성령님이 파괴적, 자기 중심적 삶에 대해 느끼시는 불편함이다. 성 삼위일체 하나님의 목표는 우리에게 풍성하고 의미 있는 삶을 주시는 것이다. 하나님의 생명은 당신 속에 내주하시면서 안에서부터 바깥으로 당신 모습을 변화시키신다.

Father, Son, Holy Spirit : Tri God

당신 삶 속에서 변화되어야만 하는데 그것이 너무도 어려운 것들을 적어 보십시오. 성령님께선 하실 수 있다는 확신을 당신에게 주시고 또 놀라운 방법으로 당신을 변화시키셔서 더욱더 예수님을 닮게 해달라고 기도하십시오. 당신 삶의 특별한 영역으로 성령님을 초대하십시오.

Father, Son, Holy Spirit | Tri God

삼위일체 하나님 투영
하나님의 형상

요한복음 1:1, 10:30, 17:22; 사도행전 5:3-4; 에베소서 4:3-6; 히브리서 1:3 　　제6과

우리는 우리를 만드신 창조주의 이미지가 새겨진 도장이다. 우리 한 사람 한 사람의 영혼은 하나님의 서명이 들어 있는 하나님의 걸작품이다. 삼위일체의 진리를 이해하는 것은 인간의 본성 속에 들어 있는 욕구의 일부를 이해하는 데 도움이 된다.

우리의 깊은 내면에는 일치(unity)와 다양성(diversity), 그리고 동등(equality)을 추구하는 속성이 있다. 그런데 이런 개념들이 왜 그렇게 호소력이 있는지 깊이 생각해 보았는가? 그 답은 삼위일체이다. 하나님은 고립되어 혼자, 분리된 개체로, 또는 위계질서 가운데 존재하시지 않는다. 따라서 인간은 이 사실을 깨닫든 못 깨닫든, 그분의 속성 중에 있는 이런 부분을 동경하게 된다.

• 들어가기 Start It Up

우리 사회에는 여러 모습의 결혼 생활이 있다. 결혼은 서로 다른 역할이 하나의 목표 가운데 하나가 되는 그림을 보여준다. 결혼 생활은 하나의 이기주의적 갈등이 야기될 수도 있고 파트너로서 복종

가운데 다른 한 편을 다스릴 수도 있고 혹은 배우자끼리 역할과 기대하는 바를 이해하지 못하는 혼돈이 올 수도 있다.

1. 남편과 아내가 서로 그 역할을 바꾼다면 어떤 일이 일어날까요? 남편과 아내의 역할에 다양성이 없이 두 사람이 똑같은 역할을 한다면 어떻게 될까요?

---

2. 좋은 결혼생활에서 당신이 동등을 기대한다면 어떤 면에서입니까?

---

3. 어떤 관계가 하나 되지 못한다면 결과는 어떻게 될까요?

Father, Son, Holy Spirit | Tri God

• 펼치기 Talk It Up

　어떤 사람들은 하나님의 속성에 대하여 아주 단순하게 생각한다. 하나님에 대한 일반적인 이미지는 하얀 긴 가운을 입은 노인이다. 우리보다 위에 계신 분(the man upstairs), 우리 이미지 속에 있는 이 하나님은 때론 너무도 유약하고 때론 너무도 바빠서 세상의 악을 멈추게 못하시는 그런 하나님이다. 성경조차 다 드러내주지 못한 하나님의 속성을 깨닫는 사람은 거의 없다. 신명기 29장 29절에 보면 "감추어진 일은 우리 하나님 여호와께 속하였거니와 나타난 일은 영원히 우리와 우리 자손에게 속하였나니 이는 우리에게 이 율법의 모든 말씀을 행하게 하심이니라"라고 말한다.

　하나님은 자비롭다거나 아니면 이보다 더 못한 이미지, 즉 화내는 늙은 노인과 같은, 우리 이미지 속에 있는 그런 하나님이 아니다. 하나님은 삼위이시다. 성부, 성자, 성령 각각의 위는 각각 완전한 하나님이시다. 하나님은 우리가 상상할 수 있는 것보다 훨씬 더 복잡하시다. 인간은 아무도 하나님 같지 않으므로 하나님을 상상하기가 어렵다.

4. 사람들이 하나님을 표현하는 말 중에서 잘못되었거나 부적합한 표현을 들은 것이 있다면 어떤 것입니까?(예를 들어 "우리보다 위에 계신 분(The man upstairs")

삼위일체의 본질 1 : 일치(Unity)

성 삼위일체 하나님이 삼위의 관계에서 어떻게 기능하는지를 이해하면 우리가 다른 사람들과 어떻게 성공적으로 관계해 나갈 것인지 디자인하는 데 도움이 된다.

요한복음 1:1, 10:30; 히브리서 1:3

위의 구절들은 상황을 '하나님과 함께 계셨다', '하나', 그리고 '본체'로 표현한다. 이런 어휘들은 삼위일체 안에서 발견되는 일치를 표현한다. 아버지와 아들은 그 본성에서 정확하게 같다. 하지만 이 둘은 다른 위(위격)로 존재한다. 만약 아들이 아버지가 아니라는 사실을 성경을 통해 알지 못했다면 이것은 인간이 관찰해서 말할 수 있는 부분이 아니다.

요한복음 17:22

예수님의 기도에 들어 있는 이 의미의 중대성을 한번 생각해 보라. 삼위일체의 일체성은 우리를 향한 하나님의 소원을 깨닫기까지는 우리와 상관없는 것으로 보였을지도 모른다.

우리의 일체감이 결코 삼위일체 하나님의 깊이만큼 깊을 수는 없다. 이 기도의 뜻이 '아버지와 내가 하나이듯이 저들도 서로에게 서로의 본체가 되게 하시옵소서'라는 뜻은 아니었을 것이다. 그보다는 아마도 이런 뜻에 가깝다고 할 수 있다. '그들의 목적과 소원 안에서 아버지와 내가 일체인 것과 같은 방법으로 하나 되게 하소서.'

사도행전 5:3-4

한 절 한 절 읽으면서 아나니아가 누구에게 거짓말을 했는지 생각해보라. 그는 자신이 교회에 거짓말을 한다고 생각했다. 그러나 사실 그는 그리스도를 따르는 자들의 삶 속에 내주하시는 성령님께 거짓말을 한 것이다. 성령을 속임으로써 그는 하나님을 속인 것이 되었다. 하나님과 하나인 아들 예수뿐 아니라 성령을 마찬가지로 속인 것이다. 성경 여러 곳에서 성령은 하나님의 영(마 3:16), 그리고 그리스도의 영(롬 8:9)으로 불리운다. 아들 예수님은 아버지와 하나이며 성령과 하나이다. 하나님은 이원적이시지 않고 세 개의 위격이 하나로 일체되어 있다.

5. 하나로의 통합은 말은 쉽지만 실로는 어렵다. 당신이 사람들과 맺고 있는 중요한 관계 가운데 이런 일치를 이루기 위하여 하나님께 어떤 도움이 필요합니까?

삼위일체의 본질 2 : 다양성(Diversity)

다양성이라는 말은 하나님과 관련해서 떠오르는 단어는 아니다. 하지만 하나님은 세 개의 격이시기 때문에 다양성의 하나님이다. 각각 독립하여 행동하시지만 동일한 존재다. 요한복음 1장 1절에 예수님을 '말씀이 곧 하나님이시고', 예수님이 '하나님과 함께 계셨다' 라고 했다.

이것은 어떤 누구에게도 사용할 수 있는 말이 아니다. 존이 샐리와 함께 있었고 존은 샐리였다. 이것은 말이 안 된다. 인간은 따로 떨어져 있는 존재끼리 본체를 서로 공유할 수 없다. 오직 하나님만이 하나면서 하나 이상일 수 있다.

요한복음 14:26

6. 이 구절에서 성부의 역할은 무엇입니까? 그리고 성자와 성령의 역할은 무엇입니까?

----

7. 오직 한 위격뿐인 홀로이신 하나님을 상상해 보십시오. 단 하나의 위격뿐인 혼자인 하나님 말입니다. 더 나아가 하나님이 지금 세상의 죄를 위하여 십자가 상에서 죽어가고 있다고 상상해 보십시오. 이 그림에서 당신은 어떤 문제점을 발견할 수 있습니까? 기독교 신앙의 진리를 위하여 왜 하나님의 다양성이 필연적일까요?

에베소서 4:3-6

8. 우리의 교회나 그룹은 독특한 개개인들이 모여서 된 것이라고 성경 여러 곳에서 밝히고 있습니다. 우리는 서로 다르게 만들어졌습니다. 그런데 어떻게 에베소서 4장에서 말하는 일치를 경험할 수 있을까요? 그리고 어떻게 우리의 서로 다름을 찬양할 수 있을까요?

삼위일체의 본질 3 : 동등(Equality)

동등과 권한은 다르지만 간혹 이 둘 사이에 혼동이 일어난다. 어떤 사람이 "내 아내와 나는 동등합니다"라고 했을 때, '이 사람들은 가족 간에 어떤 결정을 위해 항상 투표하는가 보다' 라고 생각할 것이다. 많은 국가에서 시민이 법 질서 아래 동등함을 밝히고 있다. 그런데 한 국가의 리더가 어떤 사람에게 책임을 다하라고 명령했는데 "당신의 명령을 따를 수 없어요. 우린 동등하니까요"라는 반응을 했다고 한번 상상해 보라.

이것은 삼위일체에서도 똑같다. 예수님은 요한복음 14장 28절에서 다음과 같이 말씀하셨다. "아버지는 나보다 크심이라." 동등과 권한을 혼동해 삼위일체 속의 세 하나님에 대해서도 바르게 이해하지 못하는 사람들이 있다. 성부 하나님의 권위가 가장 위에 있고 그 다음에 성자 하나님이 따라오고, 신위의 제일 아래에 성령이 있다는 개념을 가진 자들이다.

하지만 요한복음 1장 1절에 예수님은 곧 하나님이라고 말하고, 히브리서 1장 3절에서도 예수님은 하나님의 본체라고 말하고 있다. 예수님은 성부 하나님과 분리되어 있지 않고 하나님과 하나라고 요한복음 10장 30절에서 말씀하신다.

이러한 혼돈 속에서 삼위일체 세 하나님이 어떻게 일하시는지 명쾌하게 이해할 수 있는 열쇠는 예수님이 기꺼이 성부 하나님께 복종하신 것에 대한 지식적인 이해이다. 성령님은 기쁘게 아들을 드러내신다. 요한복음 16장 13절에 말씀하시기를, "그러나 진리의 성령이 오시면 그가 너희를 모든 진리 가운데로 인도하시리니 그가 스스로 말하지 않고 오직 들은 것을 말하며 장래 일을 너희에게 알리시리라"고 했다. 아들 예수처럼, 성령님은 성부께 복종한다. 하지만 그 성령님은 하나님과 예수님의 영이시다. 그리고 이 셋의 본성은 동일하고 또 동등하다.

9. 당신이 소속되어 그룹 과제를 해나가는데 다들 리더가 되고 싶어했던 그룹이 있습니까? 그 반대는 어떤가요? 아무도 리더가 되지 않으려고 했던 경우 말입니다. 두 경우의 결과가 어떠했습니까?

---

10. 정부 형태에 대한 당신의 이해에서 사람들이 다 동등하다는 것은 무엇을 말합니까? 거기엔 남보다 강한 자, 남보다 머리가 좋은 사람, 남보다 부자인 자들이 섞여 있는데 사람들을 동등하게 만드는 것은 무엇입니까?

하나님의 형상대로 만들어지다

일치와 다양성, 그리고 동등의 본질은 성부, 성자, 성령이 이루시는 관계의 모든 것이다. 우리는 하나님의 형상대로 만들어져서 창조주 하나님의 위엄을 그대로 반사하게 되어 있다. 따라서 우리 안에 바로 이런 하나님의 본성에 대한 욕구가 있는 것은 하나도 이상한 것이 아니다.

결혼생활에는 부부가 하나 되고자 하는 열망이 있다. 우리가 신앙 공동체에 소속되었을 때 가지게 되는 소속감은 하나님이 주신 이 욕구와 동일한 것이다. 이 외에도 다른 종류의 결속, 말하자면 팀 스포츠나 깊은 우정관계 등에서 볼 수 있는 결속 또한 인간이 본래 가지고 있는 일치에의 욕구를 반영한다.

하나님의 형상대로 만들어진 우리의 내면엔 다양성에 대한 욕구도 있다. 한 그룹 속에 있는 모든 사람이 다 똑같은 역할을 하고자 하면 혼란이 일어날 수밖에 없다. 권위의 위계 구조를 우리가 동경하는 참 이유는 일을 제대로 잘하기 위해서이다. 가정에서 헌신적인 남편들의 리드, 팀원들에게 사명과 목적을 제시하는 상사들, 교회 교인들을 목양하여 하나님께로 가까이 이끌어가는 영적 지도자들, 이 모두가 일을 제대로 잘하기 위해서이다.

그리고 동등이 사라져버릴 때, 우리 속에 있는 모든 것이 불공평에 대항하여 반란을 일으킨다. 삼위일체에 관한 한 거기엔 우열이 없다. 인권에 관한 한, 법 위에 있는 사람도 법 아래 있는 사람도 없다.

11. 하나님의 삼위일체 안에 있는 관계로부터 우리의 가정이나 교회를 위해 얻을 수 있는 교훈은 무엇입니까?

• 올려드리기 Lift It Up

하나님의 본성은 단지 학문적 연구에 그칠 문제가 아니다. 하나님의 본성은 우리와 하나님과의 관계에 영향을 미친다. 하나님의 본성은 또한 지금 나의 나 된 모습을 찾는 데 단서가 되기도 한다. 하나님의 속성을 인지하고 그것을 우리의 삶에 적용하는 것은 그래서 큰 지혜이다.

12. 당신의 삶의 어떤 영역에 이와 같은 일치, 다양성, 동등의 요소가 더 필요합니까? 이번 주에, 당신이 어려움 속에 있는 관계에 이런 요소들을 가져오기 위하여 실제로 할 수 있는 일은 무엇입니까?

서로를 위하여 기도하는 시간을 갖되 특별히 일치, 다양성, 그리고 동등이 필요한 영역들을 위하여 기도합시다.

나의 기도 요청

그룹의 기도 요청

지도자 가이드

**제1과
삼위일체의 진실 – 성 삼위일체의 개념 이해**

목적 : 삼위일체 공부의 중요성 이해
　　　　하나님을 더 가까이 알고자 하는 욕구 건설

1. 당신의 친구나 연인이 어떤 맛의 아이스크림을 좋아하는지 알게 되기까지 얼마나 오래 걸렸습니까? 애완견의 이름은 어떻습니까? 연인이나 친구의 부모님을 뵙게 되기까지는 얼마나 걸렸습니까?

2. 이 관계에서, 서로 얘기를 많이 나눈 것은 친한 관계가 된 초기입니까, 후기입니까?

3. 처음에 도저히 이해가 불가능해 보였던 것을 이해하려고 애썼던 적이 있습니까? 당신의 경험을 얘기해 보십시오.
　　　요령 : 유도 질문으로 좋은 것은 "이해하려고 애쓸 때, 어떤 느낌이었습니까?"

4. 이 개별성과 하나됨(oneness)의 결합은 우리 인간관계에서도 나타납니다. 당신은 결혼한 부부를 각각으로 봅니까, 아니면 한 개체로 봅니까? 어떤 점에서 그들이 하나이며 또 어떤 점에서 유일무이한 각자의 존재로 보입니까?

주의 : 하나님을 이해하기 위해 사용하는 인간들의 어떤 유추도 하나님에 대한 정확한 묘사가 될 수가 없다. 여기서 열쇠는 인간들의 관계가 하나님을 '비추어' 준다는 것이다. 하나님에 대한 정확한 대변인이 아니라는 것이다. 결혼하여 부부가 된 두 사람은 각자 나눠서 일할 수도 있고 서로 의견이 안 맞을 수도 있다. 하지만 삼위일체 성부, 성자, 성령은 언제나 완전한 동조(sync) 안에 계신다.

5. 성경 속에서 예수님이 곧 하나님이심을 나타내는 다른 표현들로는 어떤 것이 있습니까?

조언 : 성경 여러 곳에서 이 질문에 대한 답을 얻을 수 있다. 골로새서 1:16; 요한복음 10:30, 12:45, 14:7.

6. 돌아가면서 삼위일체의 진실에 대한 이해를 서로 나누십시오. 그런 다음 삼위일체의 어떤 요소든지 당신이 '머리를 싸매고' 고심하는 부분을 말해 보십시오. 하나님에 대하여 이해하기 어려운 다른 개념이 있다면 무엇입니까?

주의 : 각자 얘기를 나누도록 하고 모든 사람이 다 얘기하도록 요구하지는 말라. 삼위일체 개념에 대해 이해하려고 애쓰는 것을 강제로 말하게 하지 말라. 이 질문은 다음 질문, 하나님의 신비에 대한 토론으로 이어지며 대답 없는 질문을 모든 사람이 다 가지고 있음을 깨닫게 하고자 하는 데 질문의 의도가 있다.

7. 어떤 점에서 하나님에 대한 당신의 견해가 너무도 제한적이었습니까? 이사야서의 이 구절이 당신의 견해를 어떻게 확장시켜 줍니까?

   예 : 나는 하나님이 내 방식대로 내가 원하는 시간에 일이 되게 해주시기를 기대한다. 다시 말해 내가 이해할 수 없다면 그건 진리가 아니고, 내가 어려움에 직면하면 하나님 또한 그것을 다루지 못하시는 것처럼 행동하는 것.

   답 : 이 구절은 우리는 하나님과 같지 않으며 우리가 하나님을 완전히 이해하는 데는 언제나 제한이 있다는 것을 상기시켜 준다. 하지만 염려할 필요는 없다. 하나님은 우리가 믿고 의지할 수 있는 분이기 때문이다.

8. 최근 당신의 한계를 상기시켜 준 경험이 있습니까? 이런 한계들이 어떻게 당신이 하나님이 아니라는 것을 가르쳐 줍니까?

   조언 : 시간이 많지 않다면 멤버들이 짧게 답하도록 해서 더 많은 사람이 의견을 나누도록 한다.

9. 우리의 한계에도 불구하고 우리가 어떻게 하나님을 알 수 있습니까? 구체적으로 말해 보십시오.

   답 : 성령(골 2:9-10), 기도, 성경, 우리가 하나님의 형상대로 만들어진 것 등.

10. 하나님을 꾸준히 더 알려고 하는 것에서 당신을 막는 것은 무엇입니까?

    예 : 사업, 죄, 게으름, 두려움 등.

11. 당신이 하나님에 대한 지식을 일상적으로 추구하고 그분과의 관계

를 유지해 나가도록 고무해 주는 것은 무엇입니까?

조언 : 이것은 대답에 참여하는 사람들이 자기 경험을 나누기 꺼리는 사람들을 격려할 수 있는 좋은 방법이다.

제2과
삼위일체의 보배로움 - 삼위일체의 가치 발견

목적 : 왜 삼위일체가 진정으로 중요한가를 발견
삼위일체가 기독교와 다른 종교들을 어떻게 구분 짓는지를 이해

1. 학창 시절 어떤 과목이 가장 쓸모없어 보였습니까? 지금에 와서 깨닫는 그 과목들이 가지는 유용성은 무엇입니까?

    답 : 1, 2 번 질문은 사람들이 정보가 처음엔 어떻게 불필요해 보이는지에 대해 생각하도록 고안되어졌다. 하지만 그것이 후에 얻을 지식의 아주 중요한 기반이라는 것을 나중에야 깨닫는다.

2. 학창 시절에 익혔던 이론과 기술이 현재 당신의 일, 삶의 스타일, 혹은 취미에 어떻게 도움을 주었습니까?

3. 당신은 삼위 하나님 중 어떤 하나님께 자주 기도합니까? 성부, 성자, 혹은 성령?

    조언 : 학자나 교사들 중에는 기도를 삼위일체 중 어느 한 분께 드려야 한다고 강조하는 사람들이 있다. 이 문제가 논쟁이 되지 않도록 하라. 이 질문의 목적은 자신이 삼위 중 어느 한 분을 강조하는지 스스로 깨닫게 하는 데 있다.

4. 하나님에 대한 다른 칭호(예를 들어, 하나님 아버지)를 당신이 들었거나 기도 중에 사용하는 것으로는 어떤 것이 있습니까? 그룹에서 얼마나 많은 대답들이 나오는지 보십시오.

   답 : 구세주, 성령, 주 예수님, 진리의 영 등.

5. 당신이 처음으로 예수님을 알기 시작한 것은 언제였습니까? 제일 처음 당신은 예수님을 하나님 그 자체로 아는 대신 그저 한 인물로 알았습니까? 만약 그렇다면, 언제 그 생각이 바뀌기 시작했습니까?

   조언 : 그룹 중에는 아직도 예수가 하나님인지 아닌지 확신하지 못하는 사람이 있다는 사실에 신경쓸 것. 계속 이 공부를 하도록 격려해서 이렇게 중요한 질문에 올바른 답을 할 수 있도록 할 것.

6. 요한복음 16장 7-12절에 의하면, 우리가 하나님을 알도록 성령님이 어떻게 도우십니까? 당신이 하나님을 이해하고 알도록 성령님이 어떤 방법으로 도우십니까?

   답 : 보혜사(Counselor)로, 우리가 의롭게 살도록 도우며, 죄에 대하여 책망하고 진리 가운데로 인도하신다.

7. 당신은 삶의 어떤 영역에서 가장 자기중심적으로 됩니까? 자기 중심주의가 매일매일의 삶에 어떤 결과를 가져옵니까?

8. 자기 중심주의 신앙이 보이는 증세로는 어떤 것들이 있습니까?

   예 : "그 음악 오늘은 싫어어", "오늘은 교회 갈 기분이 아니야", "요즘엔 하나님이 그다지 날 위하지 않아" 등.

   답 : 하나님 중심주의 예배의 열쇠는 이것이 하나님을 예배하는 것이고

하나님과 연결될 수 있는 것이며 그분을 영화롭게 하는 것이라는 걸 깨닫는 것이다. 예배는 우리에 대한 것이 아니고 우리에 대한 것을 벗어나기 위해 하는 것이다.

9. 모든 종교가 다 하나님께로 인도한다고 주장하는 사람에게 당신은 어떤 반응을 하겠습니까?

답 : 당신이 세계의 종교를 연구해 본다면, 거기에 중대한 모순이 있음을 발견할 것이다. 예를 들어 기독교 신앙은 예수 그리스도 안에 있는 믿음이 구원과 하나님과의 관계를 가질 수 있는 본질적인 요소임을 주장한다. 하지만 불교는 구원의 필요성을 인식하지 못하며 인격적인 하나님의 존재를 부인한다. 또 몰몬교는 구원을 선행으로 얻을 수 있다고 가르친다. 우리가 하나님을 알 수 있는 많은 종류의 신앙이 있겠으나 그것이 다 똑같지는 않다.

10. 왜 예수님은 이 땅에 오셔야만 했습니까?

답 : 예수님은 하나님을 알 수 있는 방법을 우리에게 보여주고 우리 죄의 속죄를 위해 죽으시기 위해 이 땅에 오셨다(롬 5:6-8; 히 10:5-10).

11. 기도나 예배 가운데 당신은 어떻게 삼위일체에 접근합니까? 당신을 방해하는 잘못된 생각은 무엇입니까? 당신은 삼위일체 중 어떤 것에 더 관심을 가져야 합니까?

틀린 생각의 예 : 삼위일체 중 오직 한 위의 하나님에게만 초점을 맞추는 것. 삼위일체 하나님 중 한 위의 하나님을 나와 더 가깝게 생각하고 더 능력 있다고 생각하는 것.

12. 성부에 대한 경외를 나타내는 형용사로는 어떤 것이 있습니까? 성자에 대해서는? 성령에 대해서는?

　　답 : 이 모든 형용사들이 삼위일체 각각의 하나님께 다 해당되는 말이다. 그렇지만 성부 하나님이 더욱더 권위와 보호에 관계가 있고 성자 하나님은 대체로 하나님의 은혜와 겸손을 우리에게 상기시키며 성령 하나님은 우리와 부단히 함께하시면서 우리를 인도하고 가르치신다.

제3과
삼위일체의 신비 - 성 삼위일체 코드 해독

　목적 : 왜 삼위일체가 진정 중요한가를 발견
　　　　삼위일체 진리가 기독교와 다른 종교를 어떻게 구분 짓는지를 이해

1. 줄거리에서 놀라운 반전을 보여주었던 좋아하는 책이나 영화가 있었다면 무엇입니까?

2. 당신의 삶 가운데 뜻밖의 결과를 경험한 경우, 당신이 예상했던 것보다 더 나은 결과가 나왔던 경우를 얘기해 보십시오.

3. 이 구절들에서 왜 "우리"라는 말을 했을까요? 왜 이 말이 중요할까요?

　　답 : '우리'라는 말이 정확히 무엇을 언급하는지에 대한 많은 논쟁이 있지만 하나님의 복수 형태를 짐작하게 한다(하나 안에 셋, 셋이 하나). 성경 다른 부분에서는 성부와 성령(창 1:2), 그리고 성자(요 1:3)는 태초의 모든 창조 가운데 계셨음을 확실히 하고 있다.

4. 이 구절에서 "그들 자신의 형상"이라고 하지 않고 왜 "자기 형상"이라고 했을까요? 삼위일체의 정의에 있어서 어떤 부분이 이 말을 예증해 줍니까?

> 조언 : 이 질문은 매우 생각하게 만드는 질문이므로 멤버들이 대답하도록 재촉하지 말라. 대신, 토론하게 하고 필요하다면 토론에 도움만 주도록 한다.
>
> 답 : 이것은 하나님의 삼위일체를 그리고 있으며 우리가 하나님을 닮아 삼위일체 세 인격의 닮은 꼴로 만들어졌다는 사실을 그리고 있다.

5. 다신교를 신봉하는 사람이나 그런 글을 대면한 적이 있습니까? 당신의 경험이나 거기에 대해 아는 바를 말해 보십시오.

> 답 : 이 토론이 품위를 떨어뜨리거나 거만한 분위기로 가지 않도록 조심하라. 이 질문은 다신교로부터 삼위일체 원리를 구별하는 데 도움을 주기 위하여 만들어졌다.

6. 삼위가 하나이신 성 삼위일체 하나님을 이해하는 것이 왜 그렇게 중요합니까?

> 답 : 성경에 나온 구절로 신명기 6장 4절은 오직 하나의 하나님이 있을 뿐임을 분명히 밝히고 있다. 삼위일체가 사실은 세 분의 다른 하나님이라고 말하는 것은 성경과 모순된다. 실제적으로 정말 하나 이상의 하나님이 있다면 권위가 서로 상충할 것이다. 나는 어느 하나님의 말을 들어야 하는가? 어느 하나님께 순종해야 하는가? 어느 하나님이 궁극적으로 책임을 질 하나님인가?

7. 성령께서는 어떻게 우리를 가르치시십니까?

    예 : 성경이 살아 있게 하며, 우리 마음에 말씀을 상기시키며, 우리 마음과 영혼에 깊은 진실을 말하고 다른 사람들, 교사, 목사님들의 지혜를 말해 준다. 찾아볼 성경은 고린도전서 2:9, 14; 요한복음 14:26이다.

8. 성부, 성자, 성령의 이름으로 세례를 받은 경험이 있습니까? 그 때, 그 세 이름이 당신에게 어떤 의미했습니까? 아니면 어떤 의미라도 있었습니까? 지금은 이 세 이름이 당신에게 어떤 의미를 가집니까?

    답 : 우리가 세례 받을 때 그 물은 '옛날의 나'는 죽고 '새로운 나 자신'이 태어나는 것을 예증한다. 이것은 성자를 우리에게 보내어 우리로 하여금 완전히 새로운 삶을 경험할 수 있도록 한 하나님의 사랑을 기억하게 한다. 마찬가지로 우리와 함께 걸으시면서 우리가 받은 새 생명으로 살아갈 능력을 부여하시는 분은 성령이시다(롬 8:9).

9. 왜 하나님께서 삼위일체의 계시를 창세기에서 바로 다 보여 주시지 않고 조금씩 조금씩 보여 주셨다고 생각합니까?

    답 : 우리 자신의 삶에서 단계적인 묵시를 어떻게 사용하는가 하는 것은 수학을 한 번에 한 단계씩 배우는 것으로 또는 문학 작품을 한 번에 한 층을 이해하는 것으로서 보여 줄 수 있다. 하나님이 뭔가를 숨기려 하시거나 속이려 하시는 게 아니다. 우리의 선 지식(previous knowledge)을 한 번에 조금씩만 세워 가신다.

10. 성경 속에 나타나는, 그리고 세상 속에 나타나는 하나님의 본성에 대하여 당신이 더욱 민감해지려면 어떻게 하면 되겠습니까?

    답 : 하나님 자체를 구한다. 성경을 공부하되 특히 하나님의 본성에 대

해서 공부하고, 하나님과 그의 창조의 경이의 본질을 주의 깊게 살피고, 시각예술, 문학, 그리고 하나님의 본성을 조망해보는 영화나 투과해 보여주는 이야기 등을 다른 크리스천들과 함께 얘기하며 시간을 보내는 것 등이다.

11. 당신은 성경의 어떤 부분을 더 읽습니까? 영감적인 면입니까, 지식적인 면입니까? 어떤 면에 어떻게 초점을 맞추고 있는지 설명해 보십시오.

제4과
삼위일체 하나님이 하시는 일 – 삼위 하나님의 역할 발견

1. 매일 우리가 차를 몰기 위해서는 어떤 분야의 어떤 직종들이 요구되는지 상상이 되는 대로 적어 보십시오.

2. 당신이 어른이 되면 어떤 직업을 가지려고 했습니까? 그것을 지금의 일과 비교해볼 때, 어떻습니까?
   조언 : 이 질문과 더불어 다음으로 옮겨 갈 좋은 말로는 "우리에게는 모두 유일무이한 특별한 재능과 능력이 주어져 있습니다. 그 모든 것은 없으면 안 될 필수적인 것들입니다. 그래서 우리의 이 유일무이한 특별함을 어떻게 하나님이 우리를 부르신 일에 쓸 것인지 이해해야 합니다."

3. 주어진 일을 완성하기 위해 다른 사람과 동역해야 했던 프로젝트나 과제가 있었습니까? 그때 경험한 팀워크가 팀 멤버 간의 결속을 어떻게 향상시켜 주었습니까?

4. 성부 하나님은 이 구절에 의하면 어떤 역할을 하셨습니까? 이 구절이 당신이 갖고 있는 하나님의 사랑에 대한 견해에 어떤 영향을 미칩니까?

   조언 : 이 논의를 하는 동안 어떤 사람은 아마 자기 육신의 아버지의 사랑을 말하기도 하고 아버지의 사랑의 부족함을 말하는 사람도 있을 것이다. 다른 사람들이 묘사하는 것에 상처를 받는 사람들에게 섬세하도록 해야 한다. 하지만 이 토론이 '아버지를 힐난하는' 자리가 되지 않게 해야 한다. "당신의 자녀들에게 하나님의 사랑을 어떻게 반영하고 싶냐?"와 같은 질문으로 대화 방향을 돌릴 수도 있다.

5. 요한복음 3장 16절에 나와 있는 성부와 성자의 구원 사역은 천지창조 때 성부, 성자의 역할과 비교해 보면 어떻습니까?

   답 : 성자가 실제 이행하는 동안 성부는 그 활동을 이끌고 계셨다. 둘 다 창조 활동에 동참하셨으나 역할은 달랐다.

6. 이 구절을 읽으면서 성부와 성자에 대해 가졌던 견해가 어떻게 바뀌었습니까? 삼위일체 각각의 하나님이 하나라고 하는 더욱 깊은 이해에 이르기 위하여 당신의 생각 중에서 바뀌어야 할 것은 무엇입니까?

7. 당신의 생명을 그리스도께 드리고 그리스도를 따르는 자가 되면 그 순간 성령은 당신 속에 들어오십니다. 당신이 이미 이런 결정을 한 사람이라면 지금 성령의 임재를 느끼고 있습니까? 성령이 거기 계시다는 것을 알기 위하여 당신의 삶과 목표에서 바뀌어야 할 것은 무엇입니까?

조언 : 우리가 여기서 "느낌"이라는 단어를 쓴다면, 그것은 경험에 대해 얘기하는 말이지 감정에 대해 얘기하는 것이 아니다. 성령님의 임재는 우리의 감정으로 측정하거나 모니터 할 수 있는 것이 아니다. 그러나 간혹 어려움 중에서 성령님의 임재로 인한 평안, 강인함, 소망 이런 것들을 경험한다.

8. 사람들이 왜 리더는 뛰어나다고 생각합니까? 어떤 일들이 모든 사람을 공평하게 해줍니까?

조언 : 같이 하기 좋은 질문은 다음과 같다. "어떤 사람이 당신을 지지해 줘서 보다 좋은 삶을 만들어준 경우를 얘기해 보십시오."

9. 하나님의 삼위일체가 보여 주는, 좋은 리더에게 중요한 성품은 무엇입니까? 그리고 따르는 자로서 가질 중요한 성품은 무엇입니까?

답 : 결단력 있는, 겸손한, 남을 위하는, 함께하는 품성 등.

10. 우리가 자원하여 복종하는 것을 어렵게 하는 것은 무엇입니까?

답 : 거만, 두려움, 자신이 통제하고자 하는 것 등.

11. 우리는 가정에서, 직장에서 그리고 교회에서 한 팀의 일원입니다. 하나님이 주신 당신만의 재능을 그 각각의 팀 목적을 수행하는 데 사용하기 위하여 당신에게 어떤 변화가 필요합니까?

조언 : 기도 요청을 유도해 내는 질문으로 사용하라.

Tri God : Father, Son, Holy Spirit

제5과
삼위일체 하나님의 영원하신 사랑 – 하나님을 정의하는 말, 사랑을 내 가슴에

목적 : 삼위 하나님의 깊은 일체감을 이해하기
　　　이와 똑같은 일체감을 우리 주위에서 모델로 삼을 수 있는 실제적인 방법을 모색

1. 당신을 감동시킨 영화나 책의 러브스토리가 있다면 어떤 것입니까? 그 이야기의 어떤 점이 당신을 감동케 했습니까?

2. 당신에게 가장 영향을 미친 실제의 러브스토리는 무엇입니까?
　　조언 : 개중에는 널리 알려져 있는 러브스토리를 말하는 사람도 있겠으나 직접적으로 자신이 간증할 수 있는 개인적 이야기를 나누도록 격려한다.

3. 이사야 42장 1-7절 사이에 나오는 종(servent)이 예수님인 것을 확인할 수 있는 모든 것을 적어 보십시오.
　　답 : 내가 택한 사람, 그가 이방에 정의를 베풀리라, 그는 외치지 아니하며 목소리를 높이지 아니하며, 쇠하지 아니하며 낙담하지 아니하고, 섬들이 그 교훈을 앙망하리라, 네가 눈먼 자들의 눈을 밝히며 갇힌 자를 감옥에서 이끌어 내며 흑암에 앉은 자를 감방에서 나오게 하리라 등.

4. '기쁨'은 사랑을 나타내는 힘찬 어휘입니다. 사람들과의 관계에서 기쁨을 의미하는 유의어로는 어떤 것이 있습니까?

답 : 즐기다, 맛보다, 고이 간직하다, 소중히 하다, 존중하다, 유쾌함 등.

5. 누군가를 돌보는 것과 누군가를 기뻐하는 것 사이의 차이를 만드는 것은 무엇일까요?

6. 세상의 기초가 생기기 전 하나님을 그려볼 때, 어떤 장면이 연상됩니까?

   조언 : 사람들의 상상력을 동원하기 위해 고안된 질문이다. 멤버들이 창의적이 되도록 유도하라.

   답 : 성부 하나님은 혼자가 아니셨다는 것이 답의 요지다. 삼위일체의 세 하나님이 다 계셨다.

7. 하나님께서 고독보다는 사랑의 선물로서 당신을 창조하셨다는 사실을 아는 것이 하나님과 당신과의 관계에 어떤 영향을 미칩니까?

8. 하나님의 사랑에 대해서 생각할 때, 제일 먼저 성부가 생각납니까? 아니면 성자입니까, 성령입니까? 왜 그렇습니까?

9. 성부 하나님께서 그의 사랑을 어떤 방법으로 보여 주었습니까? 성자 예수님은, 또 성령께서는 어떻게 보여 주었습니까?

   조언 : "우리를 위해 죽으심으로" 와 같은 답변이 분명히 나올 것이다. 더욱더 개인적인 대답을 유도하기 위하여 다음과 같은 말을 보충해도 좋을 것이다. "매일매일 일상의 삶에서 당신이 경험하는 구체적인 예들을 말해 주십시오."

Tri God : Father, Son, Holy Spirit

10. 하나님을 본받는 자가 되는 실제적인 방법에는 어떤 것이 있으며 교회의 일치에 기여할 수 있는 길은 또 어떤 것이 있습니까?

> 답 : 그들이 성경에 입각한 믿음을 가지고 있는 한 결심을 지원해주고, 도움이 필요한 자들을 보살펴주고, 누가 영예를 얻을 것인지에 연연하지 않고 과제를 완수하는 데 초점을 맞추는 것 등.

11. 당신은 사랑하는 다른 사람들과 어떤 형태를 만들어가고 있습니까? 당신이 하나님을 본받도록 이 그룹이 어떻게 기도해주며 어떻게 용기를 줄까요?

제6과
삼위일체 하나님 투영 – 하나님의 형상

목적 : 성 삼위일체의 일치, 다양성, 동등의 의미를 파악
　　　이 세상 관계 가운데 일치, 다양성, 동등을 반영하는 방법을 배움

1. 남편과 아내가 서로 그 역할을 바꾼다면 어떤 일이 일어날까요? 남편과 아내의 역할에 다양성이 없이 두 사람이 똑같은 역할을 한다면 어떻게 될까요?

> 조언 : 결혼을 했건, 안 했건 상관없이 모든 사람이 대답할 수 있는 질문이다. 따라서 재미있는 시간이 되도록 하라. 서로 비판하는 존재가 되기보다는 우리가 서로 다름에 대한 유머 감각을 발휘하기 위한 의도로 만들었다.

2. 좋은 결혼생활에서 당신이 동등을 기대한다면 어떤 면에서입니까?

주의 : 이 질문은 성경에 묘사되어 있는, 결혼생활의 남녀 역할에 대한 토론 의도로 만들어진 것이 아니다. 여기서 보여주고자 하는 것은 다양과 동등이 어떻게 동시에 공존하는가이다.

3. 어떤 관계가 하나 되지 못한다면 결과는 어떻게 될까요?

답 : 시간 절약을 위하여 여기까지 1, 2, 3번의 질문은 두 사람 정도의 의견을 나누는 것으로 하라.

4. 사람들이 하나님을 표현하는 말 중에서 잘못되었거나 부적합한 표현을 들은 것이 있다면 어떤 것입니까?(예를 들어 "우리보다 위에 계신 분")

아이디어 : 저 위에 있는 어떤 사람, 대 자연, 큰 사람

5. 하나로의 통합은 말은 쉽지만 실제로는 어렵다. 당신이 사람들과 맺고 있는 중요한 관계 가운데 이런 일치를 이루기 위하여 하나님께 어떤 도움이 필요합니까?

조언 : 이 질문의 대답은 하나님께서 다른 사람을 어떻게 변화시켜 주실 것인가 하는 것보다 우리 자신이 어떻게 바뀌어야 하는가에 초점을 맞추어야 한다.

6. 이 구절에서 성부의 역할은 무엇입니까? 그리고 성자와 성령의 역할은 무엇입니까?

답 : 성부는 성령을 보내실 것이다. 성자는 성령을 통해 나타나실 것이다. 성령은 계속 제자들의 삶 속에 역사하실 것이며 성부와 성자에게로 돌아가도록 가르칠 것이다.

7. 오직 한 위격뿐인 홀로이신 하나님을 상상해 보십시오. 단 하나의 위격뿐인 혼자인 하나님 말입니다. 더 나아가 하나님이 지금 세상의 죄를 위하여 십자가 상에서 죽어가고 있다고 상상해 보십시오. 이 그림에서 당신은 어떤 문제점을 발견할 수 있습니까? 기독교 신앙의 진리를 위하여 왜 하나님의 다양성이 필연적일까요?

   답 : 이렇게 되면 하나님이 사흘 동안 죽어 계신 것이 된다.

8. 우리의 교회나 그룹은 독특한 개개인들이 모여서 된 것이라고 성경 여러 곳에서 밝히고 있습니다. 우리는 서로 다르게 만들어졌습니다. 그런데 어떻게 에베소서 4장에서 말하는 일치를 경험할 수 있을까요? 그리고 어떻게 우리의 서로 다름을 찬양할 수 있을까요?

   조언 : 뒤를 잇기에 좋은 질문은 다음과 같다. "언제 당신은 나와 다른 사람을 칭찬해 주기보다 그 다름을 비판합니까?"

9. 당신이 소속되어 그룹 과제를 해나가는데 다들 리더가 되고 싶어했던 그룹이 있습니까? 그 반대는 어떤가요? 아무도 리더가 되지 않으려 했던 경우 말입니다. 두 경우의 결과가 어떠했습니까?

10. 정부 형태에 대한 당신의 이해에서 사람들이 다 동등하다는 것은 무엇을 말합니까? 거기엔 남보다 강한 자, 남보다 머리가 좋은 사람, 남보다 부자인 사람들이 섞여 있는데 사람들을 동등하게 만드는 것은 무엇입니까?

    답 : 우리는 동일한 가치를 가지고 있다. 우리 모두 하나님에 의해 창조되었기 때문이다.

11. 하나님의 삼위일체 안에 있는 관계로부터 우리의 가정이나 교회를 위해 얻을 수 있는 교훈은 무엇입니까?

12. 당신의 삶의 어떤 영역에 이와 같은 일치, 다양성, 동등의 요소가 더 필요합니까? 이번 주에, 당신이 어려움 속에 있는 관계에 이런 요소들을 가져오기 위하여 실제로 할 수 있는 일은 무엇입니까?

조언 : 12번 질문과 5번 질문은 기도 요청을 이끌어낼 수 있다.

```
판 권
소 유
```

소그룹을 위한 영성 훈련 시리즈 7
삼위일체 하나님

2012년 1월 20일 인쇄
2012년 1월 25일 발행

지은이 | 에드 영
옮긴이 | 김인희
발행인 | 이형규
발행처 | 프라미스

주소 | 서울 종로구 이화동 184-3
TEL | 02-745-1007, 745-1301, 747-1212, 743-1300
영업부 | 02-747-1004, FAX / 02-745-8490
본사평생전화번호 | 0502-756-1004
홈페이지 | http://www.qumran.co.kr
E-mail | qumran@hitel.net
         qumran@paran.com
한글인터넷주소 | 쿰란, 쿰란출판사

등록 | 제300-2008-17호(2008.2.22)

책임교열 | 오완

값 7,000원

ISBN 978-89-93889-07-9 04230
     978-89-961046-3-6 (세트)

* 이 출판물은 저작권법에 의해 보호를 받는 저작물이므로 무단 복제할 수 없습니다.
  잘못된 책은 교환해 드립니다.